无障碍读经典

晏子春秋

◎ 许文畅 译注

長春出版社
全国百佳图书出版单位

前 言

《晏子春秋》是记述春秋末期齐国著名政治家晏婴的思想言行，反映其政治主张的一部古代文学名著。

晏子（前 578？—前 500），名婴，字仲，习惯上多称平仲，春秋时齐国莱地夷维（今山东高密）人，齐国大夫，春秋后期齐国的相国。晏子是著名的政治家和外交家。他爱国忧民，敢于直谏，在诸侯和百姓中享有极高的声誉。

晏婴是在其父晏弱死后继任齐卿的，历任齐灵公、齐庄公、齐景公三朝的卿相，辅政长达五十余年。晏婴头脑机智，能言善辩，使楚时曾舌战楚王，维护了齐国的国家尊严。他内辅国政，屡谏齐君；对外他既富有灵活性，又坚持原则性，出使他国不受辱，捍卫了齐国的国格和国威。司马迁非常推崇晏婴，将其比为管仲。

《晏子春秋》分内篇、外篇两部分，内篇共六卷，分谏上、谏下、问上、问下、杂上、杂下，外篇分上、下两卷。谏上、谏下主要记叙晏婴劝谏齐君的言行，问上、问下主要记叙君臣之间、卿士之间以及外交活动中的问答，杂上、杂下主要记叙与晏婴有关的各种事件。外篇的上、下两卷内容较为驳杂，与内篇六卷相通而又相别。全书各卷之间的内容既有相对的独立性，又互有联系，个别的还有互相矛盾之处。

关于该书的作者、成书年代，学术界历来存在较大争议。

第一种说法是此书作者就是晏婴，成书时间大约在春秋末期。《隋书·经籍志·子部》云：“《晏子春秋》七卷，齐大夫晏婴撰。”

第二种说法是“墨子之徒有齐人者为之”。持这种观点的是唐代柳宗元，否定此书是晏婴及后人所著。

第三种说法是《晏子春秋》成书于战国初期，作者是齐国人或旅居齐国的人。

第四种说法是《晏子春秋》成书于秦统一之后，作者为齐人淳于越。

第五种说法是六朝人伪作。《初月楼文钞》卷一说：“《晏子春秋》非晏子所

作，柳子之辨审矣，而其说犹有未尽。吾疑是书盖晚出，非太史公、刘向所见本，太史公、刘向所见之《晏子春秋》，不知何时亡失之，而六朝人好作伪者依放为之耳。”

综上所述，我们认为，《晏子春秋》成书于战国时期，作者可能是齐国人或旅居齐国的人。但书中第七卷、第八卷的内容与前面六卷多有重复，只是人名、地名不同，叙述的用语稍异而已，说明此书的作者并非一人。

本书原文以明活字本及孙星衍刊经堂本为主，校以其他旧刻本，并参考诸家校说及类书索引，反复论证，择善而从，尽可能还原本来面貌。

为了使读者能无障碍地阅读此书，编撰者将原文中生僻的字、词随文注释，个别难以理解的句子、典故及其他相关知识则以“阅读指导”的形式列于相应的段落之后，原文和译文以左右对应的形式排版，最大程度上保证阅读的连续性和方便性，实现无障碍快乐阅读。

目录

卷三　内篇问上第三

卷四　内篇问下第四

卷五　内篇杂上第五

卷一　内篇谏上第一

庄公矜勇力不顾行义晏子谏

题解

《晏子春秋》全书共八卷二百五十章，其中涉及齐庄公的有六章。本章针对齐庄公倡导勇力、不行礼义的做法提出批评，认为勇力必须受礼义的约束，否则一味地崇尚武力，免不了落个国危身亡的下场，体现了晏子以礼治国的政治主张。

原文

【一段】

庄公(齐庄公，名光，齐灵公之子，公元前553—前548年在位，后被大臣崔杼所杀)奋(倡导)乎(于)勇力，不顾(问)于行义。勇力之士，无忌于国，贵戚(同姓的显贵大臣)不荐(进言)善，逼迩(国君身边的近臣。迩，ěr，近)不引过(指出过失)，故晏子见公。

【二段】

公曰："古者亦有徒(只，仅仅)以(凭)勇力立于世者乎？"

【三段】

晏子对曰："婴闻之，轻死(以死为轻，即不怕死)以行礼谓之勇，诛暴不避强谓之力。故勇力之立也，以行

译文

齐庄公倡导勇力，却不问推行仁义。国内有勇有力的人，不顾忌国家的法令，贵族皇亲不进善言，近臣也不指出过错，所以晏子去见庄公。

庄公说："古时候有仅凭勇力便能在世上立身的人吗？"

晏子回答说："我听说过，奋不顾身实行礼的叫作勇，诛杀凶暴不畏豪强的叫作力。所以勇力的树立，是为了推行

其礼义也。汤（商朝开国君王成汤）、武（西周的开国君王武王，姬姓，名发）用兵而不为逆（叛逆），并国（吞并他国）而不为贪，仁义之理（准则）也；诛暴不避强，替罪（消灭罪恶）不避众，勇力之行也。古之为勇力者，行礼义也；今上无仁义之理，下无替（灭，废）罪诛暴之行，而徒以勇力立于世，则诸侯行之以国危，匹夫行之以家残。昔（从前）夏（我国历史上第一个王朝）之衰也，有推侈、大戏（均为夏桀时代的勇力之士）；殷（我国历史上第二个奴隶制王朝）之衰也，有费仲、恶来（均为商纣时期的谗臣，有勇力）。足走千里，手裂兕（sì，一种与犀牛相类似的远古动物）虎，任之以力，凌轹（欺凌。轹，lì）天下，威戮（lù，杀）无罪，崇尚勇力，不顾义理，是以（因此）桀、纣以（被）灭，殷、夏以衰。今公自奋乎勇力，不顾乎行义，勇力之士，无忌于国，身立威强，行本淫暴，贵戚不荐善，逼迩不引过，反（违背）圣王之德，而循（沿着，顺着）灭君之行。用此存者，婴未闻有也。”

礼义。商汤、周武王起兵不能算作叛逆，兼并诸侯不能算作贪婪，因为这都是符合仁义的准则的；他们诛杀凶暴不畏豪强，消灭罪恶不怕人多势众，这就是有勇有力的行为。古时候实践勇力的人，遵循的就是礼义；如今在上位的人没有推行仁义的准则，在下位的人没有消灭罪恶诛伐凶暴的行为，而仅靠勇力立于世间，那么诸侯这样行事国家就会有危险，百姓这样行事家庭就会受损害。从前夏朝衰微的时候，有推侈、大戏那样的勇力之士；殷朝衰微的时候，有费仲、恶来那样的勇力之士。这些人能步行千里，徒手打死猛兽，凭借勇力被任用，欺凌天下诸侯，杀戮无罪之人，崇尚勇力，不顾道义天理，因此夏桀、商纣被灭掉，殷商、夏朝因此而衰亡。如今君王您倡导勇力，不推行仁义，那些有勇力的人，不顾忌国家的法令，以威武强横立身，行为凶狠残暴，贵族皇亲不进善言，近臣也不指出过错，背离圣王的德训，而步亡国之君的后尘。用这些来求得国家长存，我从来没有听说过。”

阅读指导

汤、武用兵而不为逆：汤、武指商、周两代的开国君王商汤、周武王。商汤、周武王起兵讨伐夏桀、商纣王时，他们是臣，而对方是君王，从君臣伦理上讲，臣子造反，即为叛逆；但是桀、纣暴虐无道，推翻他们是正义的行为，是顺应天理民心，所以不算叛逆。

景公饮酒酲三日而后发晏子谏

题解

齐景公醉酒后三天不理朝政，晏子规劝齐景公喝酒应该节制，不应该耽误处理政务，并指出饮酒的合理方式。

原文

【一段】

景公（齐景公，名杵臼〈chǔ jiù〉，春秋后期齐国国君，齐灵公之子，齐庄公之弟）饮酒，酲（chéng，喝醉了酒而神志不清），三日而后发（起身）。

【二段】

晏子见曰："君病酒（醉酒）乎？"

公曰："然。"

【三段】

晏子曰："古之饮酒也，足以通气合好（气血畅通交会）而已矣。故男不群乐以妨事，女不群乐以妨功（女功，指活计）。男女群乐者，周（遍及，轮流）觞（shāng，古代饮酒器皿）五献（敬酒），过（超过）之者诛（惩罚）。君身服（躬行）之，故外（朝廷外）无怨治（积压下来的政事。怨，通"蕴"，积聚），内（宫廷内）无乱行。今一日

译文

齐景公饮酒，醉得神志不清，三天后才起来。

晏子拜见齐景公说："您喝醉了吧？"

齐景公说："是的。"

晏子说："古时候的人喝酒，只要能充分地使气血畅通交会就可以了。所以男子不聚众作乐以免妨碍正事，女子不聚众作乐以免妨碍活计。男女聚会饮酒作乐的，也以互相敬酒五杯为限，超过五杯的就要受到惩罚。君王身体力行，所以朝廷外就没有积压下来的政事，朝廷内没有昏乱无礼的行为。如今您喝了一天酒，

饮酒，而三日寝(qǐn，睡)之，国治怨乎外，左右(近臣)乱乎内。以刑罚自防者，劝(努力)乎为非；以赏誉自劝者，惰乎为善。上离德行，民轻赏罚，失所以为国矣。愿君节(节制)之也！”

睡了三天觉，国家的政事都积压了下来，您身边的近臣在官内胡作非为。那些原来用刑罚自我约束的人，就放肆地为非作歹；原来以奖赏自我勉励的人，就懒得做好事了。在上位的背离德行，百姓就会轻视赏罚，这就丧失治理国家的办法了。希望您喝酒能加以节制！”

晏子（前578？—前500），名婴，字仲，春秋时期齐国人，齐国大夫，后期为齐国的相国。他爱国忧民，敢于直谏，是著名的政治家和外交家。其思想主要集中在《晏子春秋》中。

景公饮酒七日不纳弦章之言晏子谏

题解

齐景公饮酒过度，大臣弦章以死相劝，使景公左右为难。晏子劝诫景公停止酗酒，但他采取了表面褒扬实际贬抑的高超计策，因而收到了意想不到的效果。

原文

【一段】

景公饮酒，七日七夜不止。

阅读指导

齐景公（前 561—前 490）：姜姓，吕氏，名杵臼。春秋后期齐国的国君，为齐灵公之子，齐庄公之弟，年幼即位，在位五十八年。他有治国的豪情，有光复桓公霸业的政治抱负。景公懂得知人善任，身边有晏婴、司马穰苴（ráng jū）、弦章等治国之臣，又有梁丘据等谄媚之臣。早年的景公善于纳言，以晏婴为丞相，国力逐渐恢复，在与诸侯国的交往中，也懂得如何维护齐国的地位。但因他贪图享乐，始终未能实现自己的政治抱负。

【二段】

弦章（人名，又作"弦商"，景公朝大臣）谏（劝谏）曰："君饮酒七日七夜，章愿（希望）君废（停止）酒也！不然，章赐死。"

【三段】

晏子入见，公曰："章谏吾曰：'愿君之废酒也！不然，章赐死。'如是而听之，则臣为制（指国君被臣子所制约）也；不听，又爱（舍不得）其死。"

译文

齐景公饮酒，喝了七天七夜仍不停止。

大臣弦章劝谏道："君王您喝了七天七夜，我希望您停止饮酒！不然，我请求你赐我一死。"

晏子入宫拜见齐景公，齐景公说："弦章劝谏我说：'希望君王停止饮酒！不然，我请求您赐我一死。'如果这样听从弦章的话，那么就是君王被臣子制约了；如果不听他的话，又舍不得他死。"

阅读指导

弦章：春秋时期齐国大夫，留有"弦章之廉"的美名。这件事发生在晏子去世十七年后，齐景公仍喜欢请众大臣饮酒。席间，景公射箭射偏了靶子，但百官仍然称好，景公叹息地跟弦章说："自从我失去晏子之后，就再没有听到别人说过我的过错。"弦章一番劝慰之后，景公心情大好。后来景公把地方进贡的五十车鱼赐予弦章。但弦章认为，自己辅佐景公并没有什么功绩，反而接受赐予的鱼，这完全是违背晏子政治道德的行为，于是他坚决不接受赏赐。后人都说，弦章的廉洁，是学习了晏子的德操。

【四段】

晏子曰："幸矣！章遇君也。令(假使)章遇桀(夏朝末代国君)、纣(商朝末代国君)者，章死久矣。"于是公遂废酒。

晏子说："弦章遇到君王您真是太幸运了！假如弦章遇到夏桀、商纣那样的暴君，他早就死了。"于是齐景公不再酗酒。

夏桀，是夏朝第十六代君主发之子，在位五十二年（前 1818—前 1766），生卒年不详。是历史上著名的暴君，后被商汤放逐而饿死。

景公燕赏无功而罪有司晏子谏

题解

齐景公凭个人的喜好进行赏赐，晏子不同意这样做。晏子认为，君王公正而臣子顺从则称之为顺，君王邪僻而臣子顺从则称之为逆。臣对君不能盲从，应以正邪为基准，只有这样才能达到政治清平、百姓和乐的目的。

原文

【一段】

景公燕（通“宴”，设宴），赏（赏赐，行赏）于国内，万钟者三，千钟者五。令三（指多次）出，而职计（官职名，负责理财）莫之从。公怒，令免职计。令三出，而士师（掌管刑罚的官员）莫之从。公不说（同“悦”）。

译文

齐景公设宴，赏赐国内的臣子，赏给一万钟俸禄的有三人，一千钟俸禄的有五人。赏赐的命令下达了多次，但负责理财的官员没有听从。景公大怒，命令罢免负责理财的官员。命令发出多次，但掌管刑罚的官员没有听从。景公很不高兴。

阅读指导

万钟：钟，是一种量器，也是古代的容量单位，一钟为六斛（hú）四斗。万钟，常形容俸禄的丰厚。本篇的万钟、千钟为实指。

【二段】

晏子见，公谓晏子曰：“寡人闻君国（当国家的君王）者，爱人则能利（有利于）之，恶（wù，厌恶）人则能疏（疏远）之。今寡人爱人不能利，恶人不能疏，失君道（准则）矣。”

晏子拜见景公，景公对晏子说：“我听说当国君的，喜爱谁就可以让谁得利，厌恶谁就可以疏远谁。如今我喜爱的人不能得利，厌恶的人不能疏远，这就失去做国君的准则了。”

【三段】

晏子曰："婴闻之，君正臣从谓之顺，君僻（行为乖张、邪僻）臣从谓之逆。今君赏谗谀之臣（以谗言诋毁人，以巧语奉承人的小人），而令吏必从，则是使君失其道（准则），臣失其守（职守）也。先王之立爱，以劝善也；其立恶，以禁暴也。昔者三代（指夏、商、周）之兴也，利于国者爱之，害于国者恶之，故明所爱而贤良众，明所恶而邪僻灭，是以（因此，所以）天下治平，百姓和集（和睦安定）。及其衰也，行安（以之为安，满足于）简易（怠慢，轻率），身安逸乐，顺于己者爱之，逆于己者恶之，故明所爱而邪僻繁，明所恶而贤良灭，离散百姓，危覆社稷（国家）。君上不度（duó，考虑）圣王之兴，而下不观惰君（贪图享乐、不理国政的君王）之衰，臣惧（担心）君之逆政之行，有司（有关部门）不敢争（通"诤"，直言规劝），以覆社稷，危宗庙。"

晏子说："我听说，国君公正而臣子顺从称之为顺，国君邪僻而臣子顺从称之为逆。如今国君您赏赐谗佞阿谀之人，却命令下属必须服从，那就是让国君丧失准则，让臣子丧失职守了。先王之所以确立喜爱的准则，是用来勉励人们从善；之所以确立厌恶的准则，是用来禁止暴虐。从前夏、商、周三代兴盛时，对国家有利的人国君就喜爱他，对国家有害的人国君就厌恶他，所以昭明所喜爱的因而天下贤良的人就众多，昭明所厌恶的因而邪僻之人就灭绝了，因此天下政治清平，百姓和睦安定。等到夏、商、周衰败之时，君王的行为安于简慢轻率，自身安于放纵享乐，对于顺从自己的人就宠爱他，对于违背自己的人就厌恶他，所以昭明所喜爱的因而邪僻之人就众多，昭明所厌恶的因而贤良之人就灭绝了，这就使百姓流离失所，危及社稷安全了。君王对上不思虑圣贤之王兴盛的原因，而对下不审察昏庸之君衰败的教训，我担心您实行乱政的时候，主管官吏不敢诤谏，而导致社稷覆灭，危及宗庙。"

【四段】

公曰："寡人不知也。请从士师之策。"

国内之禄，所收者三也。

景公说："我不知道这些道理。就按掌管刑罚的官员们的意见办吧。"

国内赏赐的俸禄，所收回的有三成。

景公爱嬖妾随其所欲晏子谏

题解

齐景公听信宠妾婴子的请托，准备重赏为他驾车的马夫。晏子对此表示强烈反对，指出国君不顾百姓死活，只图耳目之乐，不厚赏贤人，却要给车夫加薪，是与民为仇的行为，有倾覆国家的危险。

原文

【一段】

翟（dí，同“狄”，古代北方的民族名）王子羡（翟王的儿子，名羡）臣（臣仆，奴仆）于景公，以重驾（用十六匹马驾车。重，chóng），公观之而不说（同“悦”）也。嬖人（受宠爱的人。嬖，bì）婴子（景公的宠妾）欲观之，公曰：“及（趁）晏子寝病（卧病在床）也。”居囿（yòu，古代君王畜养禽兽的园林）中台上以观之。婴子说之，因为之请曰：“厚禄之！”公许诺。

【二段】

晏子起病（抱病起床）而见公，公曰：“翟王子羡之驾，寡人甚说（同“悦”）之，请使之示（让……看）乎？”

【三段】

晏子曰：“驾御之事，臣无职焉（不是我的职责）。”

译文

翟王子羡在齐景公这里做臣仆，用十六匹马驾车，齐景公看见后很不高兴。景公的宠妾婴子却很想看，景公说：“那就趁晏子生病卧床时看吧。”他们就在园林中的高台上观看。婴子看了很高兴，于是就替翟王子羡向景公请求说：“多增加他的俸禄吧！”景公答应了。

晏子抱病起床去见景公，景公说：“翟王子羡的车驾，我很喜欢，让他驾驭给你看看吧？”

晏子说：“驾驭车马的事，不在我的职责范围内。”

【四段】

公曰："寡人一（语助词，无实意）乐之，是欲禄之以万钟（古代容量单位，多用来计算粮食），其（表推测、估计，意为"大概""或许"）足乎？"

齐景公说："我对他驾车感到很高兴，想给他一万钟的俸禄，大概够吗？"

【五段】

对曰："昔卫（诸侯国名）士东野（卫国擅长驾驭的人）之驾也，公说之，婴子不说，公因（于是，就）不说，遂不观。今翟王子羡之驾也，公不说，婴子说，公因说之；为请，公许之。则是妇人为制也。且不乐治人，而乐治马；不厚禄贤人，而厚禄御夫。昔者先君桓公（齐桓公，春秋时霸主。桓，huán）之地狭于今，修法治，广政教，以霸诸侯。今君一诸侯无能亲也，岁凶（年成不好）年饥（庄稼歉收），道途死者相望（形容死者多）也。君不此忧耻，而惟图耳目（用耳朵听、用眼睛看）之乐；不修（继承并弘扬）先君之功烈，而惟饰驾御之伎（同"技"，技艺），则公不顾民而忘国甚矣。且《诗》曰：'载骖（cān，三匹马拉的车子）载驷（sì，四匹马拉的车子），君子所届（到）。'夫驾八（用八匹马驾车），固（本来）非制（制度）也，今又重此，其为非制也，不滋（益，更加）甚乎？且君苟（如果）美乐之，国必众为之，田猎（打猎。田，同"畋"）则不便，道行致远则不可，然而用马数倍，此非御下（管理人民）之道也。淫（过度）于耳目，不当（理会）民务，

晏子回答说："从前卫国人东野驾车，您很喜欢，但婴子不喜欢，您便说不喜欢，于是就不看了。如今翟王子羡驾车，您不喜欢，婴子却喜欢，您就因此而喜欢；婴子请求为他增加俸禄，您也允许了。这样您就是被妇人所控制了。况且您不乐于治理人民，而乐于调理车马；不厚赏贤人，却给驾车人优厚的俸禄。从前先君桓公的地域比现在还狭小，但他整顿法治，推广政治教化，因而称霸诸侯。如今您一个诸侯也不亲近，年成不好，庄稼歉收，道路上饿死的人随处可见。君王您不以此而忧虑羞耻，反而只顾声色之乐；不继承弘扬先君的勋功显业，而只追求驾驭车马的技艺，那么您就是不顾民众而忘记国家，这也太过分了。况且《诗经》上说：'三匹马驾车，四匹马驾车，是诸侯来到了。'用八匹马驾车，本来就不符合制度，如今又加倍，不是更加过分吗？况且您如果以此为美，以此为乐，国中必然有很多人仿效这种做法，驾这么多马去打猎很不方便，到远方去就更不可能，可见用几倍的马驾车，这不是管理臣民的正道啊。过分追求声色之乐，不理会百姓的事务，

此圣王之所禁也。君苟美乐之，诸侯必或效我，君无厚德善政以被（施加）诸侯，而易之以僻（邪僻），此非所以子民（以民为子）、彰名、致远（让远方的人来归顺）、亲邻国之道也。且贤良废灭，孤寡不振（救济），而听嬖（bì，宠爱）妾以禄御夫以蓄怨，与民为雠（chóu，仇敌）之道也。《诗》曰：'哲（明智）夫成城（国家），哲妇倾（倾覆）城。'今君不思（考虑）成城之求，而惟倾城之务（致力），国之亡日至矣。君其图之！"

这是圣明的君王所禁止的。您如果以此为美，以此为乐，各国诸侯必然有人效仿，您没有以深厚的仁德施加于诸侯，相反以邪僻的行为影响他们，这不是用来慈爱民众、彰显德名、招致远人、亲近邻国的正道。况且贤良被废弃埋没，孤寡之人得不到救助，而听信宠妾的话增加驾车人的俸禄而使其他人积聚怨恨，这是与民为仇的邪道。《诗经》上说：'聪明的男人可以使国家稳固，聪明的女人却能让国家倾覆。'如今君王您不考虑如何使国家稳固，却只干些容易使国家倾覆之事，国家灭亡的日子就要到了。希望您好好考虑一下吧！"

齐桓公（前 716—前 643），姜姓，名小白，春秋时期齐国国君，在位四十三年。在位期间，他知人善任，求贤若渴，任用管仲进行改革，国力逐渐强盛，多次与各诸侯会盟，成为春秋五霸之首。但他晚年变得昏庸，近小人，远贤臣，最后死于国家内乱。

【六段】

公曰："善。"遂不复观，乃罢归翟王子羡，而疏嬖人婴子。

齐景公说："说得好。"于是不再观看驾车，罢免辞退了翟王子羡，并且疏远了宠妾婴子。

景公病久不愈欲诛祝史以谢晏子谏

题解

齐景公久病不愈，准备杀掉为之祈祷的官吏。晏子阻止景公这样做，指出祈祷有益，那么诅咒必定有害。当下国内民怨沸腾，诅咒者甚多，两个人祈祷如何能抵得过千万人诅咒？关键是重人事、亲贤臣、远小人。景公听从了晏子的劝告，病也痊愈了。

原文

【一段】

景公疥（jiè，疥疮，一种皮肤病）且疟（nüè，疟疾，间歇性发冷、发热的急性传染病），期年（一整年。期，jī）不已。召会谴、梁丘据（两人均为景公朝大臣）、晏子而问焉，曰：“寡人之病（疾病）病（病重）矣，使史固（史是官职，固是人名）与祝佗（祝是官职，佗是人名）巡（遍，遍祭）山川（山神）宗庙，牺牲（祭祀用的牛、羊、猪三牲）珪璧（祭祀用的玉器。珪，guī），莫不备具，数其常多先君桓公，桓公一则寡人再（二）。病不已，滋（更加）甚。予欲杀二子者以说（同“悦”，取悦）于上帝，其（表推测、估计，意为“大概”）可乎？”会谴、梁丘据曰可，晏子不对。公曰：“晏子何如？”晏子曰：“君以祝（祝祷）有益乎？”公曰：“然。”

译文

齐景公生了疥疮，又患了疟疾，一整年都没有好。他招来会谴、梁丘据和晏子，询问道：“我的病很严重了，我派史官固与祝官佗去祭祀山川宗庙，祭祀用的三牲及玉器，无不齐备，其数目多于先君桓公，桓公用一份祭品而我就加倍。可是病仍不见好，反而更加严重了。我想杀掉他们两人来取悦天帝，大概可以吗？”会谴、梁丘据说可以，晏子不回答。齐景公说：“晏子认为怎么样？”晏子说：“您以为祝祷有好处吗？”齐景公说：“是的。”

【二段】

晏子免冠(摘掉帽子，以示尊敬)曰："若以为有益，则诅(zǔ，诅咒，祈求鬼神惩罚敌对的人)亦有损也。君疏辅(辅佐君王的官员)而远拂(bì，通"弼"，辅佐)，忠臣拥塞(堵塞)，谏言不出。臣闻之，近臣嘿(mò，同"默")，远臣瘖(yīn，同"喑"，沉默，不说话)，众口铄金(众口一词可以混淆是非，形容舆论力量大，连金属都能熔化。铄，shuò，熔化)。今自聊、摄(齐国西部的两个城邑)以东，姑、尤(姑水、尤水，绕齐国东部边界)以西者，此其人民众矣，百姓之咎(jiù，憎恨)怨诽谤(批评，指责)，诅君于上帝者多矣。一国诅，两人祝，虽善祝者不能胜也。且夫祝直言情，则谤吾君也；隐匿过，则欺上帝也。上帝神(灵验)，则不可欺；上帝不神，祝亦无益。愿君察之也。不然，刑无罪，夏商所以灭也。"

晏子摘下帽子以示尊敬，说："如果认为祝祷有好处，那么诅咒也就会有害处了。您疏远辅佐之臣，忠臣之道被阻塞，劝谏的话则没有人说。我听说过，近臣沉默，远臣也不说话，众人的话能熔化金属。如今从聊、摄以东，到姑水、尤水以西的地区，这些地方人口众多，百姓怨恨、批评，向天帝诅咒君王您的人很多。全国的人都在诅咒，只有两个人祝祷，即使是最善于祝祷的人也不能胜过这么多诅咒的人。况且祝祷之人坦率地讲出实情，那就是指责我们的君王；如果隐匿您的过错，那就是欺骗天帝。天帝如果神灵，那么就欺骗不了；天帝如果不神灵，那么祝祷也是无益的。希望您能明察。要不然，惩罚无罪之人，这就是夏、商二朝之所以灭亡的原因啊。"

【三段】

公曰："善解余惑，加冠！"

命会谴毋(不要)治齐国之政，梁丘据毋治宾客之事(指接待诸侯使臣)，兼属之乎晏子。晏子辞，不得命(没有得到允许)，受相(xiàng，相国)退，把政(执掌国政)。改月(过了一个月)而君病悛(quān，本指悔过、改过，这里指病愈)。

齐景公说："你很善于消除我的疑惑，请戴上帽子！"

于是命令会谴不要再治理齐国的政事，梁丘据不要再处理迎送诸侯宾客的外交事务，把这些事务都交给晏子处理。晏子推辞，没有得到允许，就接受了相国的职位而退下，执掌齐国大政。一个月后，景公的病就痊愈了。

【四段】

公曰："昔吾先君桓公，以管子(管仲)为有力(功劳)，邑狐与穀(gǔ)，以共(通"供"，供给)宗庙之鲜(祭祀用的野兽)。赐其忠臣，则是多(表彰，嘉奖)忠臣者。子今忠臣也，寡人请赐子州款(地名)。"

齐景公说："从前先君桓公，因为管子有功，赏赐狐邑与穀邑给他做食邑和狩猎之地，以便提供祭祀宗庙用的野兽。赏赐忠臣，那就是嘉奖忠臣。如今您是忠臣，请让我把州款赏赐给您做食邑。"

管子（前725—前645），姬姓，名夷吾，字仲，生活在春秋时期。他年少时父亲去世，与母亲相依为命，生活极为贫苦，很早就担起家庭重任。先与鲍叔牙一起经商，后来从军。到齐国之后，受鲍叔牙推荐，进入官场，开始了他的为官之路。管仲博通古今，先辅佐公子纠，后辅佐公子小白，最终成为齐国齐桓公的宰相，被誉为"春秋第一相"，是政治家、军事家，辅佐齐桓公，助其成为一代霸主。管仲还是哲学家，其思想主要集中在《管子》一书中。

【五段】

辞曰："管子有一美(指长处)，婴不如也；有一恶(指短处)，婴不忍为也，其宗庙之养鲜也。"终辞而不受。

晏子推辞说："管子有一个长处，我晏婴不如他；但管子有一个短处，我晏婴不忍心那样做，就是他为了宗庙祭祀的新鲜祭品而宰杀禽兽。"晏子最终推辞而不肯接受。

景公怒封人之祝不逊晏子谏

题解

齐景公对“无得罪于民”的说法颇不以为然，晏子则从桀、纣身死的史实推断出“民诛”的观点，对当权者提出严正的警告，类似于后人总结的“水能载舟，亦能覆舟”。

原文

【一段】

景公游于麦丘(齐国邑名)，问其封人(管理疆界的官吏。此指邑人)曰：“年几何矣？”对曰：“鄙人(谦称自己)之年八十五矣。”公曰：“寿哉！子其祝我。”封人曰：“使君之年长于胡(指齐之先君胡公静，此人历懿王、孝王、夷王等多位君王)，宜(合适)国家。”公曰：“善哉！子其复之。”封人曰：“使君之嗣(sì，后代)，寿皆若鄙人之年。”公曰：“善哉！子其复之。”封人曰：“使君无得罪于民。”公曰：“诚(确实。表示假设)有民得罪于君则可，安(怎么)有君得罪于民者乎？”

【二段】

晏子谏曰：“君过矣！彼疏者(远离朝廷的地方官员)有罪，戚者(亲近的人)治(惩治)之；贱者有罪，贵者治之；君

译文

齐景公出游到了麦丘，问当地的封人：“你年岁多大了？”封人回答说：“我八十五岁了。”齐景公说：“真长寿啊！先生为我祝福吧。”封人说：“愿君王的寿命比胡公还要长，有利于国家。”齐景公说：“好呀！请先生再为我祝福吧。”封人说：“愿君王的后代，寿命都像我一样长寿。”齐景公说：“好呀！请先生再为我祝福。”封人说：“愿君王不要得罪于百姓。”齐景公说：“如果说有民众得罪于君王还差不多，哪有君王得罪于百姓的呢？”

晏子劝谏说：“您错了！那些远方的官员有罪，有您的近臣去惩治他们；低贱的人有罪，有尊贵的人去惩治他们；如果君王

得罪于民，谁将治之？敢（岂敢，斗胆）问：桀、纣，君诛乎？民诛乎？”

得罪于百姓，有谁来惩治呢？我斗胆问一句：夏桀王、商纣王这样的国君，是被君王杀的呢，还是被百姓杀的呢？”

【三段】

公曰：“寡人固（鄙陋，不通达事理）也。”于是赐封人麦丘以为邑。

齐景公说：“我太孤陋不通啊。”于是把麦丘之地赏赐给封人做食邑。

景公欲使楚巫致五帝以明德晏子谏

题解

晏子对齐景公信奉楚巫之术非常反感，指出其想借五帝之神帮助自己彰显道德是异想天开，古代成就帝王大业的君王，其特点是道德淳厚，品行广博，不简慢且不繁祭，因而得到民众的拥戴。文中所蕴含的重人事、轻鬼神的思想在当时是难能可贵的。

原文

【一段】

楚巫（古代以舞降神代人祈祷的人）微（楚巫的名字）道（dǎo，由，通过）裔款（齐景公朝的佞臣）以见景公，侍坐（陪坐）三日，景公说（同“悦”，喜欢）之。楚巫曰：“公，神明之主、帝王之君也。公即位十有七年矣，事（成帝王大业的事）未大济（成，成功）者，神明未至也。请致五帝（上古时期的黄帝、颛顼〈zhuān xū〉、帝喾〈kù〉、尧、舜），以明君德。”景公再（两次）拜稽首（古代一种庄重的跪拜礼，以头触地。稽，qǐ）。楚巫曰：“请巡国（国都）郊以观帝（指五帝）位。”至于牛山（山名，位于临淄南）而不敢登，曰：“五帝之位，在于国南，请斋（斋戒）而后登之。”公命百官供斋具于楚巫之所，裔款视事（指负责斋戒事务）。

译文

楚国一位名叫微的女巫由裔款引荐来见齐景公，陪伴了三天，景公很喜欢她。楚巫说：“景公，您是神明的主人，成就帝业的国君。您即位有十七年了，可是事业还没有取得重大的成就，这是因为神明还没有降临。请让我来致意五帝，以便昭明您的圣德。”齐景公两次叩头拜谢。楚巫说：“请让我巡视国都的郊外以观察五帝的神位。”楚巫到了牛山却不敢攀登，说：“五帝的神位，就在国都的南面，请让我斋戒后再登上去。”齐景公命令百官提供斋戒用品并送到楚巫的住所，由裔款负责斋戒事务。

【二段】

晏子闻之而见于公曰："公令楚巫斋牛山乎？"

晏子听说这件事后就去见景公，说："您命令楚巫在牛山斋戒吗？"

【三段】

公曰："然。致五帝以明(彰显，昭明)寡人之德，神将降福于寡人，其(或许，大概)有所济(成功)乎？"

齐景公说："是的。想请五帝来帮助昭明我的德行，神灵就会降福给我，或许会有所成功吧？"

【四段】

晏子曰："君之言过矣！古之王者，德厚足以安世，行广足以容众，诸侯戴之，以为君长，百姓归之，以为父母。是故天地四时和而不失，星辰日月顺而不乱。德厚行广，配天象(象征)时(四时)，然后为帝王之君、神明之主。古者不慢行(行为怠惰)而繁祭(频繁地祭祀)，不轻身(轻视自身的努力)而恃(依靠)巫。今政乱而行僻(行为不正。僻，邪)，而求五帝之明德也；弃贤而用巫，而求帝王之在身也。夫民不苟德(随意地感恩戴德。苟，随意)，福不苟降，君之帝王，不亦难乎？惜乎！君位之高，所论之卑也。"

晏子说："您的话错了！古代的王者，德行淳厚足以安定天下，品行广博足以包容民众，诸侯拥戴他，以他为君长，百姓归顺他，把他当作父母。因此天地四时和谐而不失调，星辰日月运转顺利而不混乱。德行淳厚，品行广博，与天地同德，与四时相符，然后才能成为称帝称王的国君、英明神圣的君王。古人不会松懈行为而频繁祭祀，不会轻视自身而依赖巫者求福。如今政治混乱而行为邪僻，却想祈求五帝之神来彰显明德；抛弃贤人而重用巫者，却想求得帝王之业的成就。民众不会随便对君王感恩戴德，福气不会轻易降临，您想称帝称王，不是很难吗？可惜呀！您的地位虽然高贵，说的话却很低劣。"

【五段】

公曰："裔款以楚巫命(嘱咐)寡人曰：'试尝见而观焉。'寡人见而说之，信其道，行其言。今夫子讥(批评)之，请逐(驱逐)楚巫而拘(拘捕，囚禁)裔款。"

齐景公说："裔款把楚巫推荐给我，嘱咐我说：'您试着见见她，观察观察她的能力。'我见了就喜欢她，相信她的道术，按照她的话做了。如今先生批评我，就请让我驱逐楚巫并拘捕裔款。"

【六段】

晏子曰："楚巫不可出。"公曰："何故？"对曰："楚巫出，诸侯必或(有的)受之。公信之，以过于内，不知(同"智"，聪明)；出以易(改换)诸侯于外，不仁。请东(使……到东部去)楚巫而拘裔款。"公曰："诺。"故曰(当为衍文)送楚巫于东，而拘裔款于国(国都)也。

晏子说："楚巫不能出齐国。"齐景公问："为什么？"晏子回答说："如果楚巫被逐出了齐国，其他诸侯中一定有人收留她。您相信了她的话，因而在国内铸成错误，这已经很不明智了；如果让她出去在外面改变其他诸侯的想法，那就是不仁义。请您把楚巫迁到东海之滨，并拘捕裔款。"齐景公说："好的。"当即送楚巫到东海之滨，而把裔款囚禁在都城。

楚巫，是指古代楚地的巫觋（xí）。楚地的风俗是尊崇鬼神，楚巫都善以歌舞迎神。相对于信奉国君，楚国人更加信奉巫觋，不敢违抗巫觋的指令。

景公欲祠灵山河伯以祷雨晏子谏

题解

久旱不雨本是自然规律，齐景公却要通过祭祀灵山、河伯求雨。晏子不以为然，论证了灵山、河伯在干旱之时也需要降雨，从而说明祭祀灵山、河伯只能是劳民伤财的无用之举。

原文

【一段】

齐大旱逾时（过了时令），景公召群臣问曰："天不雨久矣，民且（将要）有饥色（因饥饿而脸色青黄）。吾使人卜，云祟（作祟，指降下灾祸）在高山广水。寡人欲少（稍微）赋敛以祠灵山（在今山东临朐），可乎？"群臣莫对。

【二段】

晏子进（进言）曰："不可！祠此无益也。夫灵山固（本来）以石为身，以草木为发，天久不雨，发将焦，身将热，彼独（偏偏）不欲雨乎？祠之何益！"

【三段】

公曰："不然（不这样），吾欲祠河伯（传说中的黄河水神），可乎？"

译文

齐国旱情过了播种的时令，景公召集群臣询问道："天不下雨已经很久了，民众都面带饥色。我让人占卜了一下，说是有鬼神在高山大河里作怪。我打算稍微征收一些赋税用以祭祀灵山，可以吗？"群臣都不回答。

晏子上前进言道："不可以！祭祀灵山没有益处。灵山本来就是以石为身躯，以草木为毛发，天长时间不下雨，它的毛发将要被晒焦，身体将被晒热，难道它就偏偏不想下雨吗？祭祀它有什么好处！"

景公说："要不然，我想祭祀河伯，可以吗？"

【四段】

晏子曰："不可！河伯以水为国，以鱼鳖为民，天久不雨，水泉将下（下降），百川将竭（干涸），国将亡，民将灭矣，彼独不欲雨乎？祠之何益！"

晏子说："不可以！河伯以水为国家，以鱼鳖为民众，天长时间不下雨，泉水水位将要下降，百川将要枯竭，它的国家将要灭亡，它的民众将要灭绝，难道它就不想下雨吗？祭祀它有什么好处！"

【五段】

景公曰："今为之奈何？"

晏子曰："君诚避（离开）宫殿暴露（露宿），与灵山河伯共忧，其（或许）幸而雨乎！"

景公说："如今该怎么办呢？"

晏子说："如果您能诚心诚意地离开宫殿在外露宿，与灵山、河伯共同为干旱忧虑，这样或许有幸能下雨吧！"

【六段】

于是景公出野暴露，三日，天果大雨，民尽得种时（播种。时，通"莳"，种植）。景公曰："善哉！晏子之言，可无用乎！其（代词，指晏子）维有德。"

于是景公出宫在郊野露宿，三天后，天果然降下大雨，民众都赢得了播种的时机。景公说："好呀！晏子的话怎么可以不听呢！他的话中有仁德。"

景公贪长有国之乐晏子谏

题解

齐景公想世世代代地保住国家并传给子孙后代，晏子却给了他严肃的告诫。晏子以齐桓公的事例为证，阐明始终为善才能保证国家长治久安。他告诫景公不要仇视百姓，不要回避善行。晏子的话虽然如芒在背，却是对人君极好的提醒。

原文

【一段】

景公观于淄上(淄水岸边。淄，zī)，与晏子闲立(悠闲地站立)。公喟然(叹气的样子。喟，kuì)叹曰：“呜呼！使(假使)国可长保而传于子孙，岂不乐哉？”

【二段】

晏子对曰：“婴闻明王不徒立(平白无故地当成)，百姓不虚至(随便归附)。今君以政乱国、以行弃民久矣，而欲保之，不亦难乎！婴闻之，能长保国者，能终善(始终为善)者也。诸侯并立，能终善者为长(zhǎng，首领，霸主)；列士(众多读书人。列，众)并学，能终善者为师。昔先君桓公(齐桓公，春秋五霸之一)，方任贤而赞(崇尚)德之时，亡国

译文

齐景公在淄水边游览，与晏子悠闲地站立在岸边。景公长叹一声道：“唉！假使国家可以长期保住并传给子孙后代，难道不是让人很快乐吗？”

晏子回答说：“我听说英明的君王不会平白无故就能当成的，百姓也不会随随便便来归附的。如今您以政令扰乱国家，以行为背弃民众已经很久了，却还想保住国家，这不是很困难吗！我听说过，能长期保住国家的人，是能始终行善的人。各国诸侯并立，能始终行善的人就能成为霸主；众多学子一起学习，能始终保持行善的人就能成为老师。从前先君桓公，当他任用贤人、崇尚仁德的时候，灭亡了的国家

恃（依靠）以存，危国仰（仰仗）以安，是以民乐其政，而世高其德，行远征暴，劳者（受奴役的人）不疾（痛恨），驱海内（四海之内。此指各地的诸侯）使朝天子，而诸侯不怨。当是时也，盛君（具有美德的君王）之行不能进（超过）焉。及其卒（最终）而衰，怠于德而并于乐，身溺于妇侍，而谋因（遵照，听从）于竖刁（春秋时齐国宦官，齐桓公死后，他与易牙作乱），是以民苦其政，而世非其行，故身死乎胡宫（齐桓公居住的宫室）而不举（不能发丧），虫出（尸虫爬出来）而不收。当是时也，桀、纣之卒不能恶焉。《诗》曰：'靡（没有谁）不有初，鲜（xiǎn，少）克（能够）有终。'不能终善者，不遂（终了，完结）其君。今君临民（统治百姓）若寇雠（仇敌。雠，chóu），见善若避热，乱政而危贤，必逆于众，肆欲于民，而虐诛于下，恐及（涉及，连累）于身。婴之年老，不能待君使矣，行不能革（变更），则持节（坚守节操）以没世（离开人世。没，mò）耳。"

依靠他才得以复国，处境危险的国家仰仗他而得以安定，因此民众喜欢他的政治，世人推崇他的德行，他去远方征伐暴虐的人，受此劳苦的士卒不怨恨他，他驱使海内诸侯朝见天子，诸侯们也不怨恨他。那个时候，最圣德的君王的行为也不能超过他了。等到他最终衰败时，道德荒怠而沉溺于享乐，自身沉溺于女色近侍，并且听从宦官竖刁的主意，因此民众苦于他的政治，世人非议他的品行，所以他身死于胡宫而不能发丧，尸体腐烂生虫而没有人收尸。在那个时候，就是夏桀王、商纣王的死也不比他更凄惨了。《诗经》上说：'谁也不会没有个好开始，却很少能坚持到底。'不能行善到底的人，他的君位也不能至终。如今君王您治理民众就像对待敌寇仇人，见到善行就像躲避炎热一样，扰乱政事而危害贤良，必然要背离民心，肆无忌惮地搜刮民财，而且诛杀虐待下级，恐怕最终会连累到您自身。我晏婴已经老了，不能供您使唤了，如果您的行为不能改变，那么我就只能坚守自己的节操直到离开人世了。"

阅读指导

身死乎胡宫而不举，虫出而不收：齐桓公死后，他的五个儿子为争权夺位而互相攻战，以至于无人为他收殓，尸体在床上放了六十七天，长了蛆虫，爬出户外。直到其子无诡立为国君，尸体才得以收殓；八个月后，才得以安葬。

景公登牛山悲去国而死晏子谏

题解

生老病死本是人生不可逆转的自然规律，齐景公想到自己即将离开人世，悲从心起。晏子却告诫他，贤德之君、勇武之君尚且不能永远保住国家，何况不仁之君呢！

原文

【一段】

景公游于牛山(山名，在山东临淄南)，北临其国城(都城)而流涕曰：“若何滂滂(pāng pāng，原意为水势大，这里形容严整强大)去此而死乎！”艾孔、梁丘据(均为齐景公的佞臣)皆从而泣，晏子独笑于旁。公刷(擦拭)涕而顾(回头看)晏子曰：“寡人今日之游悲，孔与据皆从寡人而涕泣，子之独笑何也？”

【二段】

晏子对曰：“使(假使)贤者常(长期，永远)守之(保住国家或君位)，则太公(齐太公姜尚)、桓公(姜姓，吕氏，名小白，春秋五霸之一)将常守之矣；使勇者常守之，则灵公(齐景公的父亲)、庄公(齐景公的异母兄)将常守之矣。数君者将守之，则吾君安

译文

齐景公在牛山上游览，向北眺望齐国都城流下了眼泪，说：“为什么要离开这泱泱大国而死去呢！”艾孔、梁丘据都陪着哭泣，只有晏子在一旁发笑。景公擦掉眼泪回头看着晏子说：“寡人今天出游很伤悲，艾孔和梁丘据都跟着寡人哭，您却独自发笑，这是为什么呢？”

晏子回答说：“假使贤人能长久守住国家，那么太公、桓公将长久地守住此位了；假使凭借勇力能长久守住国家，那么灵公、庄公将长久守住此位了。这几位君王如果都能长久守住国家，那么国君您怎么

（怎么）得此位而立焉？以其迭（更迭，交替，轮流）处之，迭去之，至于君也；而独为之流涕，是不仁也。不仁之君见一，谄谀之臣见二，此臣之所以独窃（私下）笑也。”

能得到此位而成为国君呢？正因为他们交替轮流地做君王，交替轮流地离开君位，才能轮到君王您；而只为最终要离去而流泪，这是不仁德的。我看见了一个不仁德的君王，看见了两个谄媚的臣子，这就是我独自私下发笑的原因。”

吕牙，即姜子牙，又称吕望、太公望。曾辅佐周文王振武修德，兴盛周邦。后周武王伐纣，太公望为军师，在牧野之战中立有大功。周初分封，被封于齐，为齐国开国之君，是中国古代杰出的谋略家、军事家与政治家。

景公游公阜一日有三过言晏子谏

题解

齐景公一连三次讲错话，晏子就三次予以谏责。晏子的目的是希望齐景公懂得规律，按规律办事。晏子强调君王应遵循规律，亲贤臣，远小人，也就是有“德”了，那么灾星自然会消失。

原文

【一段】

景公出游于公阜(齐地名。阜，fù)，北面(面向北)望，睹齐国(都城)，曰：“呜呼！使(假使)古而无死，何如?”晏子曰：“昔者上帝以人之死为善，仁者息焉，不仁者伏(隐匿，这里指消失)焉。若使古而无死，太公(姜太公)、丁公(名伋(jí)，姜太公之子)将有齐国，桓(齐桓公)、襄(齐襄公)、文(齐文公)、武(齐武公)将皆相(xiàng，辅佐)之，君将戴笠(lì，斗笠)衣(yì，穿)褐(粗布衣服)，执铫(yáo，大锄)耨(nòu，小锄)以蹲行畎亩(田地。畎，quǎn，田间小沟)之中，孰暇(闲暇，空闲)患(担心，忧虑)死?”公忿然(气愤的样子)作色(变了脸色)，不说(同“悦”)。

【二段】

无几何(没多久)而梁丘据乘六马(指六匹马所驾的车。古制：一车四马，驾六马则为逾礼僭越)而来。公曰：“是谁也?”晏子曰：

译文

齐景公到公阜游览，向北眺望，看见了齐国都城，说：“唉！假使自古没有死亡，会怎么样呢?”晏子说：“从前天帝认为人的死亡是好事，仁者可以在地下得到安息，不仁者则能在地下消失了。如果自古没有死亡，那么太公、丁公将永远享有齐国，桓公、襄公、文公、武公等都将辅佐他们，您将戴着斗笠穿着布衣，拿着锄头蹲在田间劳动，哪有闲工夫来担忧死亡呢?”景公气得变了脸色，很不高兴。

没有多久，梁丘据驾着六匹马拉的车而来。景公问：“这是谁呀?”晏子说：

"据也。"公曰："何以知之？"曰："大暑而疾驰，甚(严重)者马死，薄(轻微)者马伤，非据孰敢为之！"公曰："据与我和(和谐)者夫！"晏子曰："此所谓同(相同，指爱好相同)也。所谓和者，君甘则臣酸，君淡则臣咸。今据也，君甘亦甘，所谓同也，安(怎么)得为和！"公忿然作色，不说。

"是梁丘据。"景公问："你是怎么知道的？"晏子说："大热天驾车疾驰，严重的会累死马，轻微些马也会受伤，如果不是梁丘据，谁敢这样做！"景公说："梁丘据与我很志趣相和。"晏子说："这只能说是志趣相同。所谓的和，是指国君是甜的，那么臣子就是酸的；国君是淡的，那么臣子就是咸的。如今梁丘据，君王是甜的，他也是甜的，这是所谓的相同，怎么能称为和呢！"景公气得变了脸色，很不高兴。

【三段】

无几何，日暮，公西面望，睹(dǔ，看见)彗星(俗称扫帚星)，召伯常骞(齐大臣。骞，qiān)使禳(ráng，祈祷除灾)去之。晏子曰："不可！此天教也。日月之气，风雨不时(时宜)，彗星之出，天为民之乱见(xiàn，显现)之，故诏(告)之妖祥(凶兆和吉兆，这里偏指凶兆)，以戒不敬。今君若设文(推行礼乐制度)而受谏，谒(yè，拜见，指求教)圣贤人，虽不去彗，星将自亡。今君嗜酒而并于乐，政不饰(通"饬"，chì，整顿)而宽于小人，近谗(指搬弄是非的奸臣)好优(优伶，泛指歌舞乐工)，恶文而疏圣贤人，何暇(岂只)在彗！茀(bèi，同"孛"，孛星，与彗星相似)又将见矣。"公忿然作色，不说。

没有多久，夜幕降临，景公向西眺望，看见了彗星，就召来伯常骞，让他祈祷消除这个灾星。晏子说："不可以这样做！这是上天在教诲人。日月出现不祥之气，风雨失调，彗星显现，这都是上天因民间的纷乱而显现的征兆，是上天故意显示这些不祥的景象，以警戒人们的不恭敬行为。如今君王您如果推行礼教而接受劝谏，拜谒圣贤之人，即使不祈祷消除彗星，彗星也会自行消亡。如今君王您贪杯好酒，放纵享乐，不整顿政事而纵容小人，亲近谗佞，喜好艺人，厌恶文德教化而疏远圣贤之人，要消除的岂止是彗星！茀星也将出现了。"景公气得变了脸色，很不高兴。

【四段】

及晏子卒，公出屏(照壁，屋门内当门的小墙)而立(通"泣"，哭泣)曰："呜呼！昔者从夫子(指晏子)而游公阜，夫子一日而三责我，今谁责寡人哉？"

等到晏子死后，景公从照壁后面走出来，哭着说："唉！从前我随着先生去游览公阜，先生一天三次谏责我，如今有谁能谏责我呢？"

景公游寒涂不恤死胔晏子谏

题解

齐景公出游时看到路边饿死的尸体，表现出君王不应有的冷漠态度。晏子竭力劝谏，批评景公出游致使百姓财尽力竭，饿殍遍野，丧失了作为君王的原则，迫使景公采取了一些补救措施。

原文

【一段】

景公游于寒涂（同“途”，道路），睹（dǔ，看见）死胔（zì，腐肉，尸骨），默然不问。

【二段】

晏子谏曰：“昔吾先君桓公出游，睹饥者与之食，睹疾者（病人）与之财，使令不劳力（不使民力过劳），藉敛（征收赋税）不费民（不多费民财）。先君将游，百姓皆说（同“悦”）曰：‘君当幸游吾乡乎！’今君游于寒涂，据四十里之氓（méng，居于郊野的百姓），殚（dān，尽，用尽）财不足以奉敛，尽力不能周役（完全应对徭役。周，遍）。民氓饥寒冻馁（něi，饥饿），死胔相望，而君不问，失君道矣。财屈力竭，下无以亲上；骄泰（恣意）奢侈，上无以亲下。上下交离，君臣无亲，此

译文

齐景公出外游览来到古寒国的道路上，看见了腐烂的尸体，沉默无言，没有理会。

晏子劝谏道：“从前先君桓公出游时，看见饥饿的人就给他们食物，看见病人就给他们钱财，役使百姓但不使他们过于劳累，征收赋税不让人民耗费过多的钱财。所以先君将要出游的时候，百姓们都高兴地说：‘君王应当会出游到我们这里来吧！’如今君王您出游于寒国的道路上，居住在四十里之内的百姓，竭尽钱财都不足以上缴赋税，使尽全力也不能完全应付您的徭役，百姓挨饿受冻，尸横遍野，而君王您不闻不问，这是丧失了当君王的原则啊。如果在下的百姓财力衰竭，那么就不会亲近在上的君王；如果在上的君王骄奢淫逸，那么就不能亲近在下的百姓。上

三代（指夏、商、周）之所以衰也。今君行之（指重蹈三代衰亡的覆辙），婴惧公族（公室，诸侯的家族政权）之危，以为异姓（别姓）之福也。”

下离心离德，君臣互不亲近，这就是夏、商、周三代之所以衰亡的原因。如今君王您重蹈三代衰亡的覆辙，我担心您的宗族地位有危险，会变成异姓人的福分。”

阅读指导

异姓之福：齐国是姜姓诸侯，而当时田氏家族正收买人心，觊觎公室。后来果然田氏代齐，应验了晏子的预言。这里的“异姓”，即指田氏。

【三段】

公曰：“然。为上而忘下，厚藉敛而忘民，吾罪大矣。”于是敛（通“殓”，收殓死者）死胔，发粟（粮食）于民，据四十里之氓不服（承担，服役）政（劳役赋税）其年（一周年。其，通“期”，jī），公三月不出游。

景公说：“你说得对。作为君上而忘记下民，加重赋税而忘记民众，我的罪过太大了。”于是下令收殓死尸，给民众发放粮食，居住在四十里之内的百姓一年内不承担劳役赋税，景公自己也三个月没有出游。

景公衣狐白裘不知天寒晏子谏

题解

齐景公身披裘皮大衣而不觉天寒地冻，晏子则告诫他，贤君应“饱而知人之饥，温而知人之寒，逸而知人之劳”，景公接受了晏子的建议，并付诸了行动。

原文

【一段】

景公之时，雨(yù，降)雪三日而不霁(jì，雪后转晴)。公被(pī，披，指穿着)狐白之裘(用狐狸腋下的白毛制成的裘皮大衣。裘，qiú)，坐于堂侧阶。晏子入见，立有间(一会儿)，公曰：“怪哉！雨雪三日而天不寒。”

【二段】

晏子对曰：“天不寒乎？”公笑。晏子曰：“婴闻古之贤君，饱而知人之饥，温而知人之寒，逸而知人之劳。今君不知也。”公曰：“善！寡人闻命(聆听命令或训导)矣。”

【三段】

乃出裘发粟，以与饥寒者。令所睹于涂(同“途”，道路)者无问其乡，所睹于里(古代户籍管理单位，先秦时期，二十五家为

译文

齐景公在位时，一次大雪下了三天还没有放晴。景公身披白色狐皮裘衣，坐在殿堂侧边的台阶上。晏子进宫拜见景公，站了一会儿，景公说：“奇怪啊！雪下了三天天气竟然不寒冷。”

晏子回答说：“天气不寒冷吗？”景公笑了。晏子说：“我听说古代贤君，自己吃饱时能知道还有人挨饿，自己穿暖时能知道还有人受冻，自己安逸时能知道还有人劳苦。如今您却不知道这些啊。”景公说：“说得好！我聆听您的指教了。”

景公于是下令拿出皮衣和粮食，发放给那些受冻挨饿的人。命令凡是看见路上的饥寒之人，不要问他们是哪个乡的，看见乡里

一里）者无问其家，循国（在国内巡视。循，通"巡"）计数，无言其名。士既事（有职事）者兼月（指提供两个月的口粮。兼，两），疾者兼岁（指提供两年的口粮）。

有饥寒之人，不要问他们是哪一家的，巡视全国统计数量，无需他们说出姓名来。有职事的士人发给两个月的口粮，生病的发给两年的口粮。

【四段】

孔子闻之曰："晏子能明（表明）其所欲，景公能行其所善也。"

孔子听说此事后说："晏子能够表明自己所希望的事，景公能够去做自己认为美好的事。"

景公异荧惑守虚而不去晏子谏

题解

日月星辰运行本有各自的规律，齐景公却对荧惑（即火星）滞留虚位忧心忡忡。晏子历数齐国出现的种种问题，建议景公平反冤狱，赈济孤寡，赡养老人，百恶皆可除去。景公听从了晏子的建议。荧惑走不走无所谓，百姓受益才是根本。

原文

【一段】

景公之时，荧惑（行星中的火星）守于虚（二十八星宿中的虚宿），期年（一整年。期，jī）不去。公异之，召晏子而问曰："吾闻之，人行善者天赏之，行不善者天殃之（使之遭殃。殃，yāng，灾难）。荧惑，天罚也，今留虚，其孰当（承受）之？"晏子曰："齐当之。"

译文

齐景公在位时，荧惑之星停留在虚宿的位置上，整整一年没有离去。齐景公感到很奇怪，招来晏子询问道："我听说，人行善上天就会奖赏他；人行不善上天就会让他遭殃。荧惑之星，是上天降罚之星，如今滞留在虚宿的位置，哪个国家将受到惩罚呢？"晏子说："齐国将受到惩罚。"

阅读指导

荧惑：即火星。古人以为火星的亮度经常变幻不定，所以称其为"荧惑"。荧惑星，在星占学上常常代表丧、饥、残、疾等凶兆，非常不吉利。在史书上有"荧惑守心"的记载，意即火星一直留在心宿的位置，这种天文现象很少见，所以被认为是最不祥的征兆，通常会发生帝王驾崩、宰相下台等朝廷大事。

【二段】

公不说(同“悦”)，曰：“天下大国十二，皆曰诸侯，齐独何以当之？”

景公很不高兴，说：“天下的大国有十二个，都号称诸侯，为什么唯独齐国受到惩罚呢？”

【三段】

晏子曰：“虚，齐野(齐国的分野)也。且天之下殃，固于富强(本来在富强的国家)。为善不用，出政不行(háng，条理)；贤人使远，谗人反昌；百姓疾怨，自为祈祥；录录(通“碌碌”，平庸，无所作为)强(勉强)食，进死何伤！是以列舍(列宿，指众星宿)无次，变星(指彗星)有芒；荧惑回逆(意思是荧惑本来应该往前直行的，可是现在往回逆行，所以一直停留在虚宿的位置)，孽星(不吉祥的星)在旁。有贤不用，安得不亡！”

晏子说：“虚宿，是齐国的分野。况且天要降下灾殃，本来要降给富强的国家。如今的齐国行善之人不被任用，政令不能施行；贤能之人被疏远，谗谀之人反倒得意荣昌；百姓憎恶怨恨君王，君王却为自己祈求吉祥；终日勉强求食活命而碌碌无为，走进了死路是多么悲伤！因此列星都乱了次序，彗星发出光芒；荧惑之星去而复返，灾孽之星守在一旁。有了贤人却不任用，国家怎么能不灭亡！”

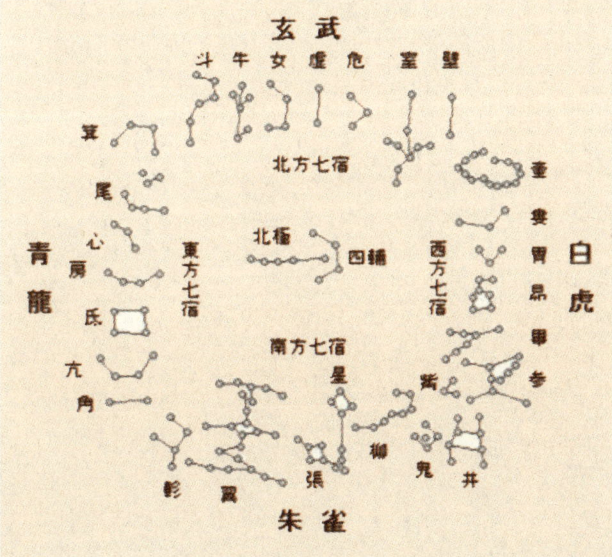

虚宿，是二十八星宿之一，属北方七宿。二十八星宿是古人为方便观测日月星辰而划分的二十八个区域，东方、南方、西方、北方各有七个星宿，合为二十八个。又与青龙、朱雀、白虎、玄武四象相关联。其中，东方青龙七宿包括角、亢、氐、房、心、尾、箕；南方朱雀七宿包括井、鬼、柳、星、张、翼、轸（zhěn）；西方白虎七宿包括奎、娄、胃、昴（mǎo）、毕、觜（zī）、参；北方玄武七宿包括斗、牛、女、虚、危、室、壁。

【四段】

公曰:"可去乎?"

对曰:"可致者可去,不可致者不可去。"

公曰:"寡人为之若何?"

景公问:"可以消除这些吗?"

晏子回答说:"可以招来的就可以消除,不可以招来的就不可以消除。"

景公说:"那么我该怎么办?"

【五段】

对曰:"盍(hé,何不)去冤聚之狱(官司,案件),使反(通"返")田矣;散百官之财,施之民矣;振("赈"的本字,救济)孤寡而敬老人矣。夫若是者,百恶可去,何独是孽乎!"

晏子回答说:"何不平反冤狱,使无辜者返回田间;散发百官钱财,施舍给民众;救助孤寡孝敬老人。如果能这样做,各种邪恶都可以消除,岂止是灾孽之星呢!"

【六段】

公曰:"善。"

行之三月,而荧惑迁。

景公说:"说得好。"

这样做了三个月后,荧惑之星就离开了虚宿的位置。

景公欲诛骇鸟野人晏子谏

题解

齐景公射鸟，鸟被一个普通百姓吓跑了，景公便要下令处死他。面对如此草菅人命，晏子批评景公的做法违背了先王之道，缺乏仁爱之心。景公接受了晏子的批评，其勇于纳谏的态度也是值得肯定的。

原文

【一段】

景公射鸟，野人（郊野之人，指农夫）骇（惊吓）之。公怒，令吏诛之。

【二段】

晏子曰："野人不知也。臣闻赏无功谓之乱，罪（治罪，处罚）不知谓之虐。两者，先王之禁也。以飞鸟犯先王之禁，不可。今君不明先王之制，而无仁义之心，是以从欲（纵欲。从，zòng，通"纵"）而轻（随便，轻易）诛。夫鸟兽，固（本来）人之养也，野人骇之，不亦宜乎？"

【三段】

公曰："善！自今已（同"以"）来（后），弛（放宽）鸟兽之禁，无以苛民（苛刻地对待百姓）也。"

译文

齐景公正在射鸟，一位农夫把鸟惊飞了。景公非常生气，命令小吏去杀掉他。

晏子说："农夫并不知道您射鸟。我听说赏赐无功之人称之为乱政，惩罚不了解实情的人称之为暴虐。这两样，都是先王的禁忌。因飞鸟的缘故冒犯先王的禁忌，是不可以的。现在您不明白先王的制度，而且没有仁义之心，因此放纵私欲而轻易杀人。那鸟与兽，本来是人养的，农夫惊吓它，难道不应当吗？"

景公说："说得好！从今以后，放宽射鸟捕兽的禁令，不要用它来苛责百姓了。"

景公所爱马死欲诛圉人晏子谏

题解

齐景公因爱马病死欲肢解养马人，晏子以尧舜不肢解人为由巧妙地阻止了景公的恶行；随后又表面上历数养马人的罪过，实际上是批评景公不仁不义，这种旁敲侧击的做法收到了实效。

原文

【一段】

景公使圉人（养马人。圉，yǔ）养所爱马，暴（突然）病死，公怒，令人操刀解（肢解。古代酷刑之一，先砍人四肢，再砍头）养马者。是时晏子侍（陪侍）前，左右执刀而进，晏子止之，而问于公曰：“古时尧、舜支解（即“肢解”）人，从何躯始？”公惧然（惊恐四顾的样子）曰：“从寡人始。”遂不支解。公曰：“以属（zhǔ，委托，交付）狱（狱卒）。”晏子曰：“此不知其罪而死，臣请为君数（shǔ，列举）之，使自知其罪，然后属之狱。”公曰：“可。”

【二段】

晏子数之曰：“尔（你的）罪有三：公使汝养马而杀之，当（处以相当的刑罚）死罪一也；又杀公之所最善（喜爱）马，当死罪二也；使公以（因为）一马

译文

齐景公让养马人饲养自己所爱的马，马突然病死了，景公大怒，命令侍卫拿刀肢解养马人。这时晏子正好陪侍在景公身边，左右侍卫拿刀上前，晏子制止了他们，并询问景公道：“古时候尧、舜肢解人，先从躯体的哪一部分开始？”景公（猛然意识到尧、舜不会肢解人）惊惶地说：“从我身上开始。”于是不再命令肢解养马人了。景公说：“把他送到监狱里。”晏子说：“这个人不知道犯了什么罪而死，请让我为君王列举他的罪状，使他知道自己的罪行，然后再把他送到监狱里。”景公说：“可以。”

晏子于是列举道：“你的罪过有三条：君王让你养马而你把马养死了，这是一条死罪；你养死的恰好又是君王最喜爱的马，这是第二条死罪；你使君王因为一匹马的缘

之故而杀人，百姓闻之必怨吾君，诸侯闻之必轻吾国，汝一杀公马，使公怨积于百姓，兵（军队）弱于邻国，当死罪三也。今以属狱。”

故而杀人，百姓听说后必然会怨恨我们的君王，诸侯听说后必然会轻视我们齐国，你一次养死了君王的马，使君王在百姓心里积聚怨恨，使军队弱于邻国，这是你的第三条死罪。现在就凭这些把你送到监狱里。”

【三段】

公喟然（叹息的样子。喟，kuì）叹曰：“夫子释之！夫子释之！勿伤吾仁也。”

景公叹息地说：“先生放了他！先生放了他！不要损害了我仁爱的名声。”

景公藉重而狱多欲托晏子晏子谏

题解

晏子针对景公朝赋税沉重、诉讼繁多、牢狱人满为患的现实对齐景公提出了尖锐的批评，认为如果要治理好国家，必须使上位者处事公道，下位者依理而行，限制近臣的贪欲，节制奢靡之风，更不能放纵民欲，严厉处置他们的诉讼。

原文

【一段】

景公藉（赋税）重而狱（诉讼）多，拘者满圄（yǔ，牢狱），怨者满朝。晏子谏，公不听。公谓晏子曰：“夫狱，国之重官（重要的官职）也，愿托之夫子。”

【二段】

晏子对曰 ：“君将使婴敕（chì，同“饬”，治理，整顿）其功（事）乎？则婴有壹妾（女奴）能书（书写），足以治之矣。君将使婴敕其意（民心，民意）乎？夫民无欲残其家室之生以奉（供奉）暴上之辟（邪僻）者，则君使吏比而焚之（比，并列，挨个。焚，烧，诛。之，指不愿纳税的百姓）而已矣。”

译文

齐景公时赋税很重，诉讼很多，被拘捕的人塞满了监狱，含冤告状的人充满朝廷。晏子劝谏景公，景公不听。景公对晏子说：“处理官司诉讼，是国家的重要官职，我希望把它托付给先生您。”

晏子回答说：“您想要我整顿诉讼的事吗？那么我有一个能写字的女奴，足够管理诉讼案件了。您想要我整肃民心吗？民众没有谁想家破人亡来侍奉残暴之君的邪僻行为，那么您只要派官吏把他们一个个烧死就可以了。”

【三段】

景公不说(同"悦")，曰："敕其功(事)则使壹妾，敕其意则比而焚，如是，夫子无所谓能治国乎？"

景公听了很不高兴，说："整顿诉讼的事就随便让一个女奴去做，整肃民心就把人一个个烧死，像这样，先生就再也说不出什么来治理国家了吗？"

【四段】

晏子曰："婴闻与君异。今夫胡狢戎狄(泛指当时居住在北方的少数民族。狢，当作"貉"〈mò〉，同"貊")之蓄狗也，多者十有余，寡者五六，然不相害伤。今束(捆绑)鸡豚(tún，小猪)妄(随意)投之，其折骨决(撕裂)皮，可立见也。且夫上正其治，下审其论(通"伦"，伦理)，则贵贱不相逾越。今君举千钟爵禄，而妄投之于左右，左右争之，甚于胡狗，而公不知(了解)也。寸之管无当(dàng，底，器物的底部)，天下不能足之以粟。今齐国丈夫耕、女子织，夜以接日，不足以奉上，而君侧皆雕文刻镂之观，此无当之管也，而君终不知。五尺(一尺约合七寸)童子，操(拿)寸之熛(biāo，火星)，天下不能足以薪(xīn，柴)。今君之左右，皆操熛之徒，而君终不知。钟鼓(古代乐器)成肆(列)，干戚(泛指兵器。干，盾牌。戚，大斧)成舞，虽禹不能禁民之观。且夫饰(修饰，这里是助长的意思)民之欲，而严其听，禁其心，圣人所难也；而况夺其财而饥之，劳其力而疲之，常致其苦而严听其狱、痛(狠，严酷)诛其罪，非婴所知也。"

晏子说："我听说的与您说的不一样。比如北方少数民族的人养狗，每家多的有十几只，少的也有五六只，然而这些狗不会互相伤害。但如果把鸡和小猪绑在一起随意扔给它们，它们互相争抢折断骨头撕裂皮肉的情景，可以立即看到。再说居上位的人处事公道，居下位的人按伦理行事，那么贵贱就不会互相超越界限。如今您拿着千钟的俸禄爵位，而随意地扔给左右近臣，左右近臣就会互相争夺，比胡狗争夺鸡肉猪肉还厉害，而您并不了解这些。一寸粗细的管子如果没有底阻挡，天下所有的粮食都不能把它装满。如今的齐国男子耕地，女子织布，夜以继日地工作，都不够供奉君上，而您的身边到处都是雕花镂画的玩物，这就是没有底的管子，而您始终不了解这些。五尺高的儿童，拿着一寸长的火星，天下所有的柴草都不够他烧的。如今君王的左右近臣，都是手中有火星的人，而您始终不了解这些。当钟鼓排成行列，拿着盾牌和长斧翩翩起舞的时候，即使是大禹那样的君王也不能禁止民众观看。何况助长了民众的欲望，却要严格禁止他们的视听，禁锢他们的思想，就是圣人也难以办到；更何况剥夺他们的财物使他们挨饿受饥，劳累他们的身体，长期使他们受苦而又严厉地对待他们的诉讼，残酷地惩治他们的罪过，这些做法不是我所能理解的。"

景公欲杀犯所爱之槐者晏子谏

题解

一平民百姓因醉酒无意中触碰了齐景公心爱的槐树而被治罪，其女向晏子哭诉，晏子认为她的意见很对，于是面见景公，指出暴虐、乖戾、残忍三种行为是国家的大忌，而伤槐治罪的命令正是最严重的伤民行为，迫使景公废止了这一命令。

原文

【一段】

景公有所爱槐，令吏谨（严）守之，植（竖立，插）木县（xuán，同“悬”，悬挂）之，下令曰：“犯（触碰）槐者刑，伤槐者死。”有不闻令（不知道禁令），醉而犯之者，公闻之曰：“是先犯（冒犯）我令。”使吏拘之，且加罪焉。

【二段】

其子（此处指女儿）往晏子之家说曰：“负廓（在外城居住。负，背靠；廓，通“郭”，外城）之民贱妾（女子的谦称），请有道（陈说）于相（xiàng）国，不胜其欲（不能控制自己的欲望。胜，禁得住），愿得充数乎下陈（指在内宅充数当侍妾。下陈，贵族家庭中姬妾侍女住的地方）。”

译文

齐景公有一棵喜爱的槐树，命令小吏小心地看守它，还立了一根木桩，挂上牌子，上面写着命令：“触碰槐树的人要判刑，伤害槐树的人要处死。”有个人不知道这个禁令，酒醉后触碰了槐树，景公听说此事后说：“他是第一个冒犯了我的禁令。”便派小吏将他拘捕起来，并要治他的罪。

这个人的女儿到晏子家里述说道：“我是城外的民家女子，请求和相国说句话，我不能克制自己的欲望，希望能够在相国的后宅中充当个侍妾。”

【三段】

晏子闻之，笑曰："婴其淫(放纵，沉迷)于色乎？何为老而见奔(私奔于我)？虽然，是必有故。"令内(nà，同"纳"，进入)之。女子入门，晏子望见之，曰："怪哉！有深忧。"进而问焉(指女子)，曰："所忧何也？"

晏子听说后，笑着说："我难道是好色之徒吗？为什么老了还有女子来投奔我？虽说如此，这其中必有缘故。"命令让女子进来。女子进了门，晏子远远地看了看她，说："奇怪啊！她好像有很深的忧虑。"于是上前问女子，说："你所忧虑的是什么事情？"

【四段】

对曰："君树槐县(同"悬")令，犯之者刑，伤之者死。妾父不仁(不聪明)，不闻令，醉而犯之，吏将加罪焉(他，指触碰槐树的人)。妾闻之，明君莅国(治理国家。莅，lì)立政，不损禄(泛指百姓的利益)，不益刑，又不以私恚(huì，恼怒)害公法，不为禽兽伤人民，不为草木伤禽兽，不为野草伤禾苗。吾君欲以树木之故杀妾父，孤(使……成为孤儿)妾身，此令行于民而法于国矣。虽然，妾闻之，勇士不以众强凌孤独，明惠之君不拂(违背)是(正确)以行其所欲。此譬之犹自治鱼鳖者也，去其腥臊者而已；昧墨(昏暗，黑暗)而与人比(并列)居，庾肆(露天的店铺)而教人危坐(端坐)。今君出令于民，苟可法于国，而益善于后世，则父死亦当矣，妾为之收(收殓尸体)亦宜矣。甚乎！今之令不然。以树木之故，罪法妾父，妾恐(担心)其伤察吏(明察是非的官吏)之法，而害明君之义也。邻国闻之，皆谓吾君爱树而贱人，其可乎？愿(希望)相国察妾言以裁(量刑判处)犯禁者。"

女子回答道："君王种下槐树，悬挂禁令，说触碰槐树的人要判刑，伤害槐树的人要处死。我的父亲缺少才智，不知道禁令，醉酒后触碰了槐树，官吏将要治他的罪。我听人说，贤明的君王管理国家制定政令，不损害百姓的利益，不加重刑罚，而且不因为个人的私怨而损害国家的法令，不因为禽兽而伤害百姓，不因为草木而伤害禽兽，不因为野草而伤害禾苗。我们的国君将因为树木的缘故要杀死我的父亲，使我成为孤儿，这种禁令将施行于民众而成为国法了。虽然如此，但我还是听说，勇士不会因为人多势众去欺凌弱小孤单的人，贤明仁惠的君王不会违背正确的原则随心所欲地行事。这就好比亲手烹饪鱼鳖的人一样，只是要去除鱼鳖的腥臊之味罢了；又好比昏暗中与别人共处，或是在露天的店铺中却叫别人端坐不动。如今君王对民众发出命令，如果可以在全国施行，并且对后世有好处，那么我的父亲即使死了也是值得的，我为他收尸也是应该的。太糟糕了！如今的法令不是这样。因为一棵树的缘故，就治我父亲的罪，我担心这样会破坏了能明察是非的官吏执掌的法令，并损害了英明的君王的道义。邻国如果听说了，就会说我们的君王喜爱树木而轻视百姓，这难道可以吗？希望相国明察我的话再裁处违犯禁令的人。"

【五段】

晏子曰："甚矣！吾将为子言之于君。"使人送之归。

晏子说："太过分了！我将把你的话向国君转述。"于是派人把女子送回了家。

【六段】

明日，早朝，而复于公曰："婴闻之，穷（用尽）民财力以供嗜欲谓之暴，崇玩好，威严拟乎君（和君王相似）谓之逆（乖戾），刑杀不称（chèn，适当）谓之贼（残忍）。此三者，守国之大殃（yāng，灾祸）也。今君穷民财力，以美（精美）饮食之具，繁钟鼓之乐，极宫室之观，行暴之大者；崇玩好，县（同"悬"）爱槐之令，载（乘车）过者驰，步过者趋（小步快走），威严拟乎君，逆民之明者；犯槐者刑，伤槐者死，刑杀不称，贼民之深者。君享国（享有国家），德行未见（同"现"，显现）于众，而三辟（邪僻）著于国。婴恐（担心）其不可以莅国（治理国家。莅，lì）子民（即"以民为子"，统治人民）也。"

第二天，上早朝时，晏子向景公禀报说："我听人说，耗尽民众的钱财来满足自己的嗜好奢欲称之为暴虐，崇尚玩物，使它们的威严近乎国君就称之为乖戾，判刑诛杀无辜的人称之为残忍。这三样，是影响您守住国家的大祸害。如今君王您穷尽民众的财力，把饮食器具置办得很精美，增加钟鼓乐器的数量，把宫殿建造得更加华丽，这是实行最大的暴虐；推崇玩物，在所喜爱的槐树上悬挂禁令，使驾车经过的人要快马奔驰，徒步行走的人要小步快跑，槐树的威严近乎国君，这是最明显的乖戾行为；触碰槐树者要被判刑，伤害槐树者要被处死，刑罚杀戮与国法不相称，这样残害民众太深了。君王您享有国家，德行还没有显现给民众，而三种邪僻的行为却在国内很显著。我担心这样您是不能再治理国家统治民众了。"

【七段】

公曰："微（如果没有）大夫教寡人，几（几乎，差点儿）有大罪以累社稷（国家）。今子大夫教之，社稷之福，寡人受命矣。"

景公说："如果没有大夫您教诲我，我几乎犯下大罪而连累国家了。如今大夫您教诲我，这是国家的福气，我接受您的指教了。"

【八段】

晏子出，公令吏罢守槐之役，拔置（拔下并收起）县（同"悬"）之木，废伤槐之法，出（释放）犯槐之囚。

晏子退朝后，景公命令官吏撤除守护槐树的差役，拔掉设置的木桩，废除关于伤害槐树治罪的法令，释放了触碰槐树而被关押的囚犯。

景公逐得斩竹者囚之晏子谏

题解

有人砍了齐景公种的竹子，景公下令将他治罪。晏子以先君丁公讨伐曲城不斩私藏金玉者为例，提醒景公：做君王的应宽厚仁慈，不应重物轻人，并劝谏景公释放砍竹者。

原文

【一段】

景公树(栽种)竹，令吏谨(小心谨慎)守之。公出，过之，有斩竹者焉。公以车逐，得而拘之，将加罪(治罪)焉(他)。

【二段】

晏子入见，曰：“君亦闻吾先君丁公乎？”

公曰：“何如？”

【三段】

晏子曰：“丁公伐曲城(地名，故址在山东掖县东北)，胜之，止(扣留)其财，出其民。公日(每天)自莅(lì，莅临，亲临)之。有舆(车，这里是用车装载)死人以出者，公怪之，令吏视之，则其中金与玉焉。吏请杀其人，收其金玉。公曰：‘以兵(指使用武力)降城，以众图财(依仗人多势众夺取钱财)，不仁。且吾闻之，

译文

齐景公种植竹子，命令小吏小心谨慎地守护竹子。景公外出，路过竹林，看见有人砍伐竹子。景公驾车追赶他，捉住了他并把他拘押了起来，准备治他的罪。

晏子入宫求见，说：“君王您听说过我们的先君丁公的事吗？”

景公说：“怎么样？”

晏子说：“丁公征伐曲城，取胜后，扣留了那里的财物，并把城里的百姓迁出曲城。丁公每天都亲自察看。有人用车装载死人出城，丁公感到奇怪，命令官吏前去察看，发现车里藏的是金子和美玉。官吏请求杀掉那个人，没收他的金玉。丁公说：‘我们使用武力攻克城池，又凭借人多势众夺取其钱财，这是不仁爱的。况且我听说，

人君者，宽惠慈众，不身传诛（不亲自传令杀人）。’令舍（释放）之。”

当百姓君王的，要宽厚仁惠慈爱众人，不亲自下令杀人。’于是下令放了那个人。”

齐丁公，齐国姜太公之子，吕氏，名伋（jí），是齐国的第二位国君，在位于公元前1014—前976年，是一位仁德的国君，也是西周成王、康王时期的王室忠臣。

【四段】

公曰：“善！”

晏子退，公令出（释放）斩（砍）竹之囚。

景公说：“说得好！”

晏子退下，景公命令释放了那个砍竹子的囚犯。

景公冬起大台之役晏子谏

题解

晏子出使鲁国期间，齐景公动用民夫在冬季修建大台，致使民怨沸腾。晏子回来后，一边劝景公停止修台，一边担当责任，故意鞭打民工，把百姓的怨恨集中到自己身上，把停止修台归功于景公，这是为了维护景公的威望。晏子这样的做法受到孔子的褒奖。

原文

【一段】

晏子使于鲁，比（等到）其返也，景公使国人起大台之役。岁寒不已，冻馁之（即“为之冻馁”。馁，něi，饿。之，指大台之役）者乡（每个乡）有焉，国人望（盼望）晏子。

【二段】

晏子至，已复事，公延坐（请他入座），饮酒乐。晏子曰：“君若赐臣，臣请歌之。”歌曰庶民（百姓）之言曰：“冻水洗我，若之何！太上（对君王的尊称）靡散（摧残，离散）我，若之何！”歌终，喟然（叹息的样子。喟，kuì）叹而流涕。公就（当为衍文）止之曰：“夫子曷为（为什么。曷，hé，何）至此？殆（dài，大概）为大台之役夫！寡人将速罢之。”

译文

晏子出使到鲁国，等到返回的时候，他发现齐景公正让国人服役修筑大台。当时天气一直很寒冷，受冻挨饿的人每乡都有，国人都盼望着晏子早点儿回来。

晏子回到齐国，汇报完差事，景公就请他入座，很高兴地喝起酒来。晏子说：“您如果能恩准臣下，我请求为君王唱支歌。”歌中唱着平民百姓的话：“我们在冰冷的雨水中受冻，怎么活啊！君王弄得我们妻离子散，怎么过啊！”唱完了歌，晏子感慨叹息地流下了眼泪。景公制止他说：“先生何必如此悲伤呢？大概是为了建造大台劳役的事吧！我将很快停止建大台。”

【三段】

晏子再拜（拜了两拜），出而不言。遂如（前往）大台，执朴（pū，打人用的棍棒）鞭（打）其不务（卖力）者，曰：“吾细人（地位低下的人）也，皆有盍庐（房屋。盍，通“阖”，hé）以避燥湿，今君为一台而不速成，何以为役？”国人皆曰：“晏子助天为虐。”

晏子拜了两拜，一言不发地走出宫殿。接着他来到了建大台的工地，拿着一根木棍鞭打不卖力干活的人，说：“我是个卑下的小人，都有房屋来躲避炎热潮湿，君王想要一个大台却不能快点建好，你们是怎么工作的？”国人都说：“晏子是在帮助老天施行暴虐。”

【四段】

晏子归，未至，而君出令趣（cù，赶快）罢役，车驰而人（指服役的百姓）趋（快跑，迅速）。

晏子回来，还未到家，而景公已发出命令停止劳役，传令的车在前急驰而人们迅速离开了。

【五段】

仲尼（孔子）闻之，喟然叹曰：“古之善为人臣者，声名归之君，祸灾归之身。入则切磋（比喻商讨、研究）其君之不善，出则高誉（赞誉）其君之德义，是以虽事（侍奉）惰（懈怠无能）君，能使垂衣裳（cháng）、朝（使朝拜）诸侯，不敢伐（自夸）其功。当（担得起，符合）此道者，其（大概）晏子是（此，这样）耶！”

孔子听说这件事后，慨叹着说：“古代善于做臣子的人，总是把好的名声归于国君，祸害灾情归于自己。入朝就和国君商讨君王的不善之处，出朝就高度赞誉国君的品德仁义，因此虽然侍奉的是懒惰懈怠的国君，也能使国君无为而治，使诸侯朝拜，而不自夸自己的功绩。能符合这种道义的人，大概只有晏子了吧！”

阅读指导

垂衣裳：古人穿着，上为衣，下为裳，衣裳下垂，即无所动作，形容无为而治（无须作为而天下大治）。

景公为长庲欲美之晏子谏

题解

齐景公想修建豪华的高台，晏子以歌谏之，诉说百姓因徭役而耽误农时的苦楚和妻离子散的窘境，迫使景公改变了初衷。

原文

景公为长庲(台名。庲,lái),将欲美之。有风雨作,公与晏子入坐饮酒,致堂上之乐。酒酣,晏子作歌曰:“穗兮乎不得获,秋风至兮殚(dān,竭尽)零落,风雨之拂杀(击落,吹散)也,太上之靡弊(摧残,离散)也。”歌终,顾(回头看)而流涕,张躬(舒展身体)而舞。公就(靠近)晏子而止之,曰:“今日夫子为赐(指晏子作歌舞来赐教)而诫于寡人,是寡人之罪。”遂废酒,罢役,不果(结果)成长庲。

译文

齐景公修建高台长庲，想要把它修建得非常漂亮。有一天正赶上刮风下雨，景公与晏子入座饮酒，招乐工助兴。酒兴正浓时，晏子唱起歌来：“禾苗有穗啊不得收割，秋风一到啊全部吹落，全遭风雨践踏呀，君王害得我妻离子散没法活。”唱完歌，晏子回头看了看，泪流满面，张开双臂跳起了舞。景公靠近晏子制止他说：“今天先生作歌舞相赐教并告诫我，这是我的罪过。”于是撤掉了酒席，停止了徭役，最终没有建成长庲台。

景公为邹之长涂晏子谏

题解

齐景公连年迫使百姓服役，百姓苦不堪言。晏子借用楚灵王兴役不止最后身死乾溪的事例告诫景公，“君屈民财者，不得其利；穷民力者，不得其乐”，迫使景公停止了徭役。

原文

【一段】

景公筑路寝（天子的正寝）之台，三年未息；又为长庲（台名。庲，lái）之役（劳役），二年未息；又为邹之长涂（通往邹地的长途通道。涂，同“途”，道路）。

译文

齐景公修筑正寝宫殿的高台，三年没有停止；又开始了修建长庲台的劳役，两年没有停止；又修建了通向邹国的长途通道。

阅读指导

景公筑路寝之台：路寝指天子的正寝，是古代帝王处理政事的宫殿。周制天子有六寝，除正寝之外还有五座燕寝或小寝。齐景公是诸侯，却修建路寝，是严重的僭（jiàn）越行为。

原文

【二段】

晏子谏曰：“百姓之力勤矣！公不息乎？”

公曰：“涂将成矣，请成而息之。”

译文

晏子劝谏道：“百姓太劳累了！您还不停止吗？”

景公说：“长途通道就快修好了，请等修完了再停止吧。”

【三段】

对曰："君屈民财者，不得其利；穷民力者，不得其乐。昔者楚灵王作顷宫（楚国宫室名），三年未息也；又为章华之台，五年又不息也；乾溪（地名，在楚国东境，在今安徽亳（bó）州）之役（徭役），八年，百姓之力不足而息也。灵王死于乾溪，而民不与（yǔ，赞同）归。今君不遵明君之义，而循灵王之迹，婴惧（担心）君有暴（残害）民之行，而不睹长庲之乐也，不若息之。"

晏子回答说："君王如果竭尽了民众的财力，自己也不能从中得到好处；如果把民众弄得精疲力竭，自己也不能从中得到快乐。从前楚灵王修建顷宫，三年没有停止；又修建章华台，又是五年没有停止；乾溪工程，历时八年，但因百姓无力完成而停止。楚灵王最后死在了乾溪，而民众不允许楚灵王的遗体回国。如今君王您不遵守贤明君王的道义，而要去追寻楚灵王的足迹，我担心您会有残害人民的行为，而看不到长庲台带给您的乐趣，不如停止徭役吧。"

阅读指导

灵王死于乾溪：公元前530年，楚灵王为攻打吴国，率军驻扎乾溪，但由于他暴虐无道，众叛亲离；次年，王室内部发生叛乱，他逃往山中，饿了三天，最后自缢而亡，史称"乾溪之难"。

【四段】

公曰："善！非夫子，寡人不知得罪于百姓深也。"于是令勿委坏（遗弃毁坏），余财勿收，斩板（砍断捆木板的绳子）而去之（让他们离开）。

景公说："说得好。要不是先生您，我还不知道得罪百姓如此深了。"于是下令不要遗弃毁坏已修的工程，尚未征收的赋税也不再收缴，砍断捆筑墙板的绳子，让服役的人散去。

阅读指导

斩板而去之：意思是停止施工。古代筑路或筑墙，两边先用木板夹住，中间再填土夯实，木板用绳子捆住，以防其移动。

公元前541年，楚灵王借口探病侄子楚郏（jiá）敖，趁机用束冠长缨将其勒死，然后自立为国君。他在位期间，穷奢极欲，修建章华台。后来楚灵王的政权被楚国人民推翻，灵王吊死于深山。

景公春夏游猎兴役晏子谏

题解

齐景公暮年时产生了及时行乐的想法，在春夏期间欲游玩打猎，还要征发徭役。晏子则以周文王和楚灵王的正反事例，迫使景公放弃了征发徭役。

原文

【一段】

景公春夏游猎，又起大台（高台）之役。晏子谏曰："春夏起役，且游猎，夺（使……失去）民农时，国家空虚，不可。"景公曰："吾闻相（xiàng，相国）贤者国治，臣忠者主逸。吾年无几（没有多久。几，jǐ）矣，欲遂（终，达到）吾所乐，卒（终，达到，尽）吾所好，子其息（止）矣。"

【二段】

晏子曰："昔文王（周文王）不敢盘游（流连，游乐）于田（同"畋"，打猎），故国昌而民安。楚灵王不废乾溪之役（徭役），起章华之台，而民叛之。今君不革（改变），将危社稷（国家。稷，jì），而为诸侯笑。臣闻忠臣不避死，谏不违（避）罪。君不听臣，臣将逝（离开）矣。"

译文

齐景公于春夏期间外出游猎，又兴起建造高台的徭役。晏子劝谏道："春夏期间兴起徭役，而且外出游猎，这样就让百姓失去了农耕时机，国家就会空虚，不可以这样做。"景公说："我听说相国贤明国家就能得到治理，臣子忠诚君王就能安逸。我活不了几年了，想要满足于我的乐趣，尽情地做我爱好的事，先生还是停止干涉吧。"

晏子说："从前周文王不敢流连于游玩打猎的乐趣，所以国家昌盛，百姓安定。楚灵王不解除乾溪的劳役，还修建章华台，因此百姓背叛了他。如今君王您如果不改正，就将会危及社稷，成为各诸侯国的笑柄。我听说忠臣不怕死，劝谏不避获罪。您如果不听我的劝告，我将要离开您了。"

周文王（前1152—前1056），姬姓，名昌，商末西方诸侯国的首领。在位五十年，施行仁政，礼贤下士。正因为文王赢得了民心拥护，才为武王灭商奠定了坚实的基础。在儒家的圣王系统中，他占据很重要的地位。

【三段】

景公曰："唯唯（应答之声，指听从），将弛（抛弃）罢之。"未几（没过几天），朝（召见）韦冏（齐国大臣。冏，jiǒng）解役（解除徭役）而归（让服役的人回家）。

景公说："好的好的，将徭役停止吧。"没过几天，他就召见韦冏让他解除徭役，让服役的人都回家了。

景公猎逢蛇虎以为不祥晏子谏

题解

齐景公把上山遇虎、下泽见蛇视为不吉祥，晏子却说有贤人不知道、知道不使用、使用不重用才是真正的不吉祥，并趁此机会委婉地道出了国家兴亡的重要原因。

原文

【一段】

景公出猎，上山见虎，下泽(沼泽，洼地)见蛇。归，召晏子而问之曰："今日寡人出猎，上山则见虎，下泽则见蛇，殆(dài，大概)所谓不祥也？"

【二段】

晏子对曰："国有三不祥，是(指上山见虎、下泽见蛇之事)不与(yù，参与，在其中)焉。夫有贤而不知，一不祥；知而不用，二不祥；用而不任(不重用。任，委以重任)，三不祥也。所谓不祥，乃若此者。今上山见虎，虎之室(住处)也；下泽见蛇，蛇之穴也。如(到……去)虎之室，如蛇之穴，而见之，曷(hé，何)为不祥也！"

译文

齐景公外出打猎，上山时看见了虎，下到洼地时看见了蛇。回来后，他召见晏子询问道："今天我外出打猎，上山时看见了虎，下到洼地时看见了蛇，这大概就是所谓的不吉祥吧？"

晏子回答道："国家有三种不吉祥之事，您所说的不在其中。有了贤人您却不知道，这是第一种不吉祥；知道了贤人却不任用，这是第二种不吉祥；任用贤人而不委以重任，这是第三种不吉祥。所谓的不吉祥，就是像这样的。如今您上山看见了虎，那是因为山是虎的住处；下到洼地看见了蛇，那是因为洼地是蛇的洞穴。您到了虎的住处，到了蛇的洞穴，于是看见了它们，怎么算是不吉祥呢！"

景公为台成又欲为钟晏子谏

题解

齐景公建完高台又想造编钟。晏子指出，这样无节制势必加重百姓的负担，百姓的赋税是维持国家正常运转的，绝不是供国君个人挥霍的。

原文

景公为台，台成，又欲为钟(编钟，古代乐器)。晏子谏曰："君国者(君临天下的人。君，动词，"当国君")不乐(把……当作快乐)民之哀。君不胜(克制)欲，既筑台矣，今复为钟，是重敛(征收赋税)于民，民必哀矣。夫敛民之哀(聚敛民财而给人民带来哀痛)而以为乐，不祥，非所以君国者。"公乃止。

译文

齐景公修建高台，高台建成了，又想铸造编钟。晏子劝谏说："君临天下的人不能把百姓的哀痛当成自己的快乐。您不能克制欲望，既然已经修建了高台，如今又想铸造编钟，这样就是对百姓加重赋税，百姓必然会哀痛。征收民财给百姓带来哀痛，以此供自己享乐，这是不吉祥的，这不是为君之道。"景公于是放弃了铸造编钟的想法。

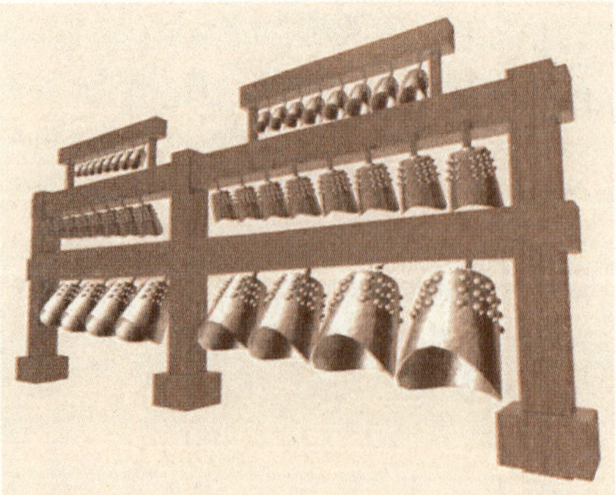

钟是周代最重要的打击乐器，由青铜铸成。编钟则是将大小不同的钟按照音调高低的顺序排列起来，并悬挂在大钟架上。

景公朝居严下不言晏子谏

题解

晏子提醒景公，主持朝会过于威严，臣下就会不敢说话，君王就听不到不同的意见，对治理国家有害而无益；并希望君王广开言路，善于听取不同意见，群策群力，把国家治理好。

原文

【一段】

晏子朝，复(告诉，禀告)于景公曰：“朝居(坐朝听政)严乎？”

【二段】

公曰：“朝居严，则曷(hé，何，什么)害于治国家哉？”

【三段】

晏子对曰：“朝居严则下无言，下无言则上无闻矣。下无言则吾谓之喑(yīn，哑)，上无闻则吾谓之聋。聋喑，非害治国家如何也！且合升鼓(量器名，合一斛(hú)，即十斗)之微以满仓廪(lǐn，粮仓)，合疏缕之纬(织物上的横线)以成帏幕。太山(泰山)之高，非一石也，累卑(低)然后高。夫治天下者，非用一士之言也，固(向来)有受而不用，恶(wū，何，哪里)有拒而不受者哉！”

译文

晏子上朝，向齐景公禀报道：“您坐朝听政太威严了吧？”

景公说：“坐朝听政威严，那么对治理国家有什么害处呢？”

晏子回答道：“坐朝威严了臣下就会不说话，臣下不说话君上就什么也听不到。臣下没有话说我称之为哑，君上没有听到意见我称之为聋。又聋又哑，不是危害国家又是什么呢！况且把一升一斛这么少的粮食聚集起来就可以装满粮仓，把稀疏的丝线聚合起来就可以织成帷幕。高高的泰山，并非仅用一块石头就能形成，而是把碎小的石头累积起来后就成了高山。治理天下，并非只采用一个人的意见，向来有听到意见可以不采用的，哪有拒绝倾听意见呢！”

景公登路寝台不终不说晏子谏

题解

齐景公登路寝（君王处理政事的地方）之台，嫌台高累人而迁怒于修台人。晏子面对不讲道理的景公，举正、反两方面的事例劝谏景公，深刻地指出景公的做法有亡国危险，促使景公警醒。

原文

【一段】

景公登路寝（正寝）之台，不能终（到达顶点），而息（休息）乎陛（台阶），忿然而作色，不说（同“悦”），曰：“孰为高台，病人（使人劳累。病，劳累）之甚也？”

【二段】

晏子曰：“君欲节（节省）于身而（则）勿高，使人高之而勿罪也。今高，从（紧跟，随后）之以罪，卑（低）亦从以罪，敢问使人如此可乎？古者之为宫室也，足以便乎生，不以为奢侈也，故节于身，谓于民（指勤于政事）。及夏之衰也，其王桀（jié，夏朝君王，史上著名暴君，国亡被放逐饿死）背弃德行，作为璇（xuán，美玉）室玉门；殷之衰也，其王纣（zhòu，商朝末代君王，史上有名的暴君）作为顷宫

译文

齐景公登正寝的高台，不能到达顶端，便在台阶上休息，他气愤得变了脸色，很不高兴地说：“是谁修建这么高的台，攀登起来这样累人？”

晏子说：“您想要节省体力而不希望登高，那就不要让人修这么高，既然让人修这么高，就不该怪罪人。如今台高了，罪名就紧跟而来，如果修低了罪名也紧跟而来，请问像这样役使别人可以吗？古时候的人修建宫室，只求方便生活，不是用来享受，所以节制于自身，又能勤于政事。到了夏朝衰败时，夏桀王背弃德行，用美玉修建宫门；到了商朝衰败时，商纣王修建了顷宫灵台，修建得低矮、狭窄的则有

灵台，卑狭者有罪，高大者有赏。是以(因此)身(自身)及(赶上。指遭到灾祸，即被武王所灭)焉。今君高亦有罪，卑亦有罪，甚于夏、殷之王。民力殚(dān，用尽)乏矣，而不免于罪。婴恐国之流失(丧失)，而公不得享也！”

罪，修建得高大的则有赏。因此他们自身都遭到了灾祸。如今君王您是修高了有罪，修低了也有罪，这比夏桀、商纣还过分。民力都已经耗尽了，还不免获罪。我晏婴担心国家将有覆灭的危险，而您将不能享有齐国了！”

阅读指导

酒池肉林：为了享乐方便，纣王让人在宫中凿了一个大池子，池子里装满了好酒；池边用树枝做成支架，挂满了一串串烤肉。玩渴了就从池子中舀酒喝，玩饿了就从树上取肉吃。后人常用“酒池肉林”来形容生活奢侈，纵欲无度。

【三段】

公曰：“善！寡人自知诚(确实)费财劳民，以为无功，又从而怨之，是寡人之罪也。非夫子之教，岂得守社稷(国家)哉！”遂下，再拜，不果(成为事实)登台。

景公说：“说得好。我自己也知道修筑正寝的高台实在是耗财劳民，我不但认为百姓没有功劳，又埋怨那些修台之人，这是我的罪过！假如不是先生的教诲，我怎么能守住国家呢！”于是景公走下台来，再次拜谢晏子，以后再也没有登台。

景公登路寝台望国而叹晏子谏

题解

齐景公希望让自己的子孙世世代代享有齐国。晏子指出，君王必须致力于优化政治，施以善政，做百姓欢迎的事，才有可能让子孙世世代代享有齐国。

原文

【一段】

景公与晏子登路寝之台而望国（国都），公愀然（忧伤的样子。愀，qiǎo）而叹曰："使后嗣（后代。嗣，sì）世世有此，岂不可哉？"

【二段】

晏子曰："臣闻明君必务（努力）正（端正）其治，以事（做事）利民，然后子孙享之。《诗》云：'武王岂不事，贻（yí，留给）厥（其，他的）孙谋，以燕（通"宴"，安）翼（帮助）子。'今君处佚（yì，安逸）怠（懈怠，懒惰），逆政害民有日矣，而犹出若（此，这样）言，不亦甚乎！"

【三段】

公曰："然则后世孰将把（持，掌握）齐国？"

译文

齐景公与晏子一起登上正寝的高台眺望国都，景公忧伤地叹息说："假使让我的后代子孙都享有这些，难道不可以吗？"

晏子说："我听说贤明的君王一定要努力端正自己的政治，做有利于民众的事，然后他的子孙才可以享有国家。《诗经》上说：'周武王难道不做事吗？他把谋略留给子孙，帮助他们安定王业的根基。'如今君王您安逸放纵且懈怠懒惰，暴虐的政事伤害民众有些时日了，可是您还说出这样的话，不是太过分了吗！"

景公说："这样，那么后世谁会执掌齐国的政权呢？"

周武王（前 1087—前 1043），姬姓，名发，周文王次子，是西周的开国君王，谥号为武王，庙号为世祖。武王继承了父亲文王的遗志，灭掉商朝，建立了周朝。

【四段】

对曰："服牛（驾车耕田的牛。服，使用）死，夫妇哭，非骨肉之亲也，为其利之大也。欲知把齐国者，则其利之者（使齐国百姓得利的人）邪？"

晏子回答说："驾车耕田的牛死了，夫妇还为它哭泣，不是因为骨肉之亲，而是因为牛给他们带来的利益很大。要想知道谁将执掌齐国，那就要看谁能让齐国的百姓得利吧？"

【五段】

公曰："然，何以易（改变）之？"

景公说："对，用什么方法能改变现状呢？"

【六段】

对曰："移之以善政。今公之牛马老于阑（遮拦物）牢（牲口圈），不胜（承受得了）服（使用）也；车蠹（dù，生蛀虫）于巨户（门户），不胜乘也；衣裘（qiú，皮袍）襦（rú，短袄）袴（kù，古人在外面穿的套裤）朽弊于藏（储物间），不胜衣（yì，穿）也；醯（xī，醋）醢

晏子回答说："要用好的政策来改变这种现状。如今您的牛马在牲口圈里关老了，不能使用了；车子在大门内被虫蛀朽了，不能乘坐了；衣裘袄裤在储藏室里陈旧腐朽了，不能再穿了；酸醋和肉酱已经

（hǎi，肉酱）腐，不胜沽（gū，卖）也；酒醴（lǐ，甜酒）酸酢（cù，"醋"的本字），不胜饮也；菽粟（豆子和小米。泛指各种粮食）郁（腐朽）积，不胜食也。又厚（重）藉敛（征收赋税。藉，通"籍"）于百姓，而不以分馁（něi，饥饿）民。夫藏财而不用，凶也。财苟失守（是变质的意思，如上文提到的牛马老、车蠹、衣朽、酒酸等），下（最坏的情况），其报（报应）环（接二连三）至。其次（指更严重的情况），昧（暗藏）财之失守，委（抛弃）而不以分人者，百姓必进自分也。故君人者，与其请于人，不如请于己也。"

变质，不能再卖了；美酒发酸变醋，也不能再饮用了；府库里的粮食多得吃不完而腐臭堆积，也不能食用了。可是您还要加重赋税搜刮百姓，而不把这些积压的钱粮分给饥饿的民众。聚敛财物而不能合理使用，这是很危险的。财物如果变质，这是最糟糕的，其不良后果会接二连三地来。更严重的是，这些暗藏的财物变了质，宁可抛弃了也不分给别人，百姓就会自己前来抢夺。所以君王如果想把君位传给自己的子孙，与其求助于人，还不如求于自身呢。"

景公路寝台成逢于何愿合葬晏子谏

题解

齐景公修筑路寝台侵占了逢于何家的墓地，致使逢于何的母亲去世后无法与先夫合葬。晏子批评景公大肆修建宫室和台榭，既侵占了活人的住处，也毁坏了死人的墓地，这让活着的人感到忧愁，得不到安居，死去的人尸骨离散，得不到合葬。景公接受了晏子的批评，并引用《诗经》中的名句告诫其他人，说明景公是一个知错就改的君王。

原文

【一段】

景公成路寝之台。逢于何遭丧，遇晏子于途，再拜乎马前。晏子下车挹（yī，同“揖”，拱手行礼）之，曰：“子何以命婴也？”对曰：“于何之母死，兆（墓地）在路寝之台墉（yōng，城墙）下，愿请合骨（合葬）。”晏子曰：“嘻！难哉！虽然，婴将为子复（禀告）之。适（如果）为不得（指请求得不到允许），子将若何？”对曰：“夫君子则有以（有办法），如我者侪（chái，辈，类）小人，吾将左手拥格（通“辂”，hé，车辕前端的横木，用来牵引车辆），右手梱（kǔn，敲击）心，立饿枯槁而死，以告四方之士曰：‘于何不能葬其母者也。’”

晏子曰：“诺。”

译文

齐景公建成了正寝的高台。一个名叫逢于何的人家遭遇丧事，在路上遇见晏子，就在晏子马车前拜了两拜。晏子下车拱手还礼，说：“先生对晏婴有什么吩咐？”逢于何回答说：“我的母亲去世了，我家的墓地就在正寝高台的墙下，希望您请求国君准予我的父母合葬。”晏子说：“唉！这很难啊！虽然如此，我晏婴将为先生禀报此事。如果请求得不到允许，先生将怎么办呢？”逢于何回答说：“您是有办法的，像我这样的小人物，如果不被允许，我将左手抱着丧车辕前的横木，右手捶胸，站立着饥饿枯槁而死，用来告诉四方人士说：‘我逢于何是不能安葬自己母亲的人。’”

晏子说：“好吧。”

【二段】

遂入见公，曰："有逄于何者，母死，兆在路寝当墉下，愿请合骨。"

晏子于是入宫见景公，说："有个叫逄于何的人，母亲死了，他家坟地的位置在正寝高台的墙下，他希望您允许他父母合葬。"

【三段】

公作色（变了脸色）不说（同"悦"），曰："自古及今，子亦尝（曾经）闻请合葬人主之宫者乎？"

景公变了脸色，不高兴地说："从古到今，先生您听说过请求在国君的宫殿下安葬死人的吗？"

【四段】

晏子对曰："古之人君，其宫室节（节俭），不侵生人之居；其台榭俭，不残死人之墓。故未尝闻请葬人主之宫者也。今君侈为宫室，夺人之居；广为台榭（xiè），残人之墓。是生者愁忧，不得安处；死者离易，不得合骨。丰乐侈游，兼（一并，都）傲生死，非仁君之行也；遂（尽）欲满求，不顾细民（小民），非存之道（办法）也。且婴闻之，生者不得安，命之曰蓄（积累）忧；死者不得葬，命之曰蓄哀。蓄忧者怨，蓄哀者危，君不如许之。"公曰："诺。"

晏子回答说："古代的君王，他们的宫殿修建得节俭，修建时不侵犯活人的居处；他们的楼台亭榭很俭朴，修建时不毁坏死人的坟墓。所以从没有听说过请求安葬在国君的宫殿下面的。如今您大规模修建宫室，侵占活人的住处；把台榭修建得很宽大，毁坏了死人的墓地。这让活着的人感到忧愁，得不到安居；死去的人尸骨离散，得不到合葬。您尽情享乐游玩，对活着的、死去的人都一概轻慢，这不是仁德之君应有的行为；您极力满足私欲，不顾及小民，这不是保住国家的办法。况且我听说，活着的人得不到安居，这叫作蓄积忧愁；死去的人得不到安葬，这叫作蓄积悲哀。蓄积忧愁就会有怨恨，蓄积悲哀就会有危险，您不如答应他的请求。"景公说："好吧。"

【五段】

晏子出，梁丘据（齐景公的宠臣）曰："自古及今，未尝闻求葬公宫者也，若何许之？"公曰："削人之居，残人之墓，凌（侵犯）人之丧，

晏子出宫后，梁丘据说："从古到今，从没有听说过请求把死人安葬在宫室下的，您为什么答应了他呢？"景公说："侵占人家的居室，毁坏人家的坟墓，侵犯人家的丧事，

而禁其葬，是于生者无施，于死者无礼也。《诗》云：'榖(gǔ，生，活着)则异室，死则同穴。'吾敢不许乎？"

还禁止其安葬，这是对活着的人没有施恩，对死去的人无礼。《诗经》上说：'活着不能住在一屋，死了愿与你同葬一墓。'我敢不答应吗？"

【六段】

逢于何遂葬其母于路寝之台墉下，解衰(cuī，丧服。以麻布披于胸前，服三年之丧者使用)去绖(dié，穿丧服时用来束腰的麻绳)，布衣縢(téng，绳子)屦(lǚ，鞋)，玄(黑色)冠茈(zǐ，紫色)武(系帽子的带子)，踊(跳跃。这里指顿足)而不哭，躃(bì，通"擗"，捶胸)而不拜，已乃涕(眼泪)洟(tì，鼻涕)而去。

逢于何于是把他母亲安葬在正寝高台的墙下，然后解去丧服去掉麻带，穿上布衣绳鞋，头戴黑冠紫结，脚用力蹬地却不哭泣，使劲捶着胸但不跪拜，埋葬完毕之后才流着眼泪鼻涕离开。

阅读指导

古代的五服制度：五服制度按亲疏关系、丧服的做工粗细分为五个等级，分别是：斩衰、齐衰、大功、小功、缌（sī）麻。斩衰是五服中程度最重的丧服，用最粗的生麻布做成，裁剪处不缝边，直接穿在身上，表示最为哀痛，毫不掩饰，通常用于臣丧君，子女丧父，长房长孙丧祖父，妻丧夫。齐衰是次于斩衰的丧服，用粗麻布做成，裁剪处要缝边。大功是次于齐衰的丧服，用粗熟麻布做成。小功是次于大功的丧服，用稍微粗熟的麻布做成。缌麻是次于小功的丧服，在五服中为最轻，用较细的熟麻布做成，做工也更为细致。五服制度一直延续历朝，并各有大小不同的差别。

景公嬖妾死守之三日不敛晏子谏

题解

宠妾亡故，齐景公守着尸身三天三夜不吃不喝，希望宠妾能够醒过来。景公这样做，是不遵守社会行为规范的举动。他放纵自己的想法而不顾全大局，这样做的后果会导致臣下都仿效学习，行为邪僻，从而扰乱社会行为规范及政局，最终危及社稷。晏子对景公的非理性行为做出了严肃的批评。

原文

【一段】

景公之嬖妾(宠妾。嬖,bì)婴子死，公守之，三日不食，肤(皮肤，指身体)着(zhuó,附在)于席而不去。左右以复(指提醒景公)，而君无听焉。

【二段】

晏子入，复曰："有术客(有法术的人)与医俱言曰：'闻婴子病死，愿请治之。'"

【三段】

公喜，遽(jù,急速，立刻)起，曰："病犹(还)可为乎？"

译文

齐景公的宠妾婴子死了，景公守着她的尸体，三天都没有吃饭，坐在席上紧挨着尸身不肯离去。左右的人提醒景公已经三天没吃饭了，景公也不听。

晏子进来，禀报说："有个懂法术的人和医生一起到来，说：'听说婴子病死了，希望能为她医治。'"

景公很高兴，急忙起身，说："病死的人还可以救活吗？"

【四段】

晏子曰："客之道也，以为良医也，请尝试之。君请屏(bǐng，退避)，洁(干净)沐浴饮食，间(jiàn，隔开)病者之宫，彼亦将有鬼神之事(指向鬼神祈祷之事)焉。"公曰："诺。"屏而沐浴。

晏子说："根据客人所讲的道术，我认为他们是高明的医生，让他们试试吧。您请回避一下，干净地沐浴吃饭，将病人的宫室隔离开，他们要祭祀鬼神。"景公说："好吧。"退出沐浴去了。

【五段】

晏子令棺人入敛(通"殓"，把尸体装入棺材)，已敛，而复曰："医不能治病，已敛矣，不敢不以闻。"

晏子命令棺殓死尸的人立即将尸体入殓，棺殓完毕，却禀告景公说："医师不能医活死者，已入棺殡殓了，我不敢不将此事向您禀告。"

【六段】

公作(改变)色不说(同"悦")，曰："夫子以医命寡人，而不使视；将敛，而不以闻。吾之为君，名而已矣。"

景公变了脸色，很不高兴地说："先生您借医治病人要我离开，不让我看；将要殡殓又不让我知道。我身为一国之君，不过是徒有虚名而已。"

【七段】

晏子曰："君独不知死者之不可以生邪(yé，助词"吗")？婴闻之，君正臣从谓之顺，君僻臣从谓之逆。今君不道(行，做)顺而行僻，从邪者迩(ěr，近，亲近)，导害(当为"善"字之误)者远，谗谀萌通(滋长顺畅)，而贤良废灭。是以谄谀繁于间(侧，身边)，邪行交(遍布)于国也。昔吾先君桓公，用管仲而霸，嬖(bì，宠幸)乎竖刁(春秋时齐国宦官，负责掌管内侍及女官的戒令，是有史记载最早的宦官)而灭；今君薄于贤人之礼，而厚嬖妾之哀。且古圣王畜私(养活自己宠爱的人。畜，养)

晏子说："您难道不知道人死不能复生吗？我听说过，君王正派臣子服从叫作顺，君王邪僻臣子服从叫作逆。如今您不做顺理的事却做邪僻的事，跟着您走邪道的您就亲近，劝导您走善道的您就疏远，谗谀奸佞之人滋长顺畅，而贤良之人被废黜消亡。因此谄谀之人聚集在您身边，而邪僻的行为遍布国内。从前先君桓公，任用管仲而称霸天下，宠幸竖刁而遭到灭亡；如今您对贤人的礼数浅薄，而对宠妾的哀情却很深厚。况且古代的圣王私养自已宠爱的人

不伤行（德行），敛死不失爱（指不过分宠爱。失，过于），送死不失哀。行伤则溺（nì，沉沦）己，爱失则伤生，哀失则害性。是故圣王节之也。死即毕敛，不以留生事（保留尸体，指望其复生）；棺（指内棺）椁（guǒ，指外棺）衣衾（qīn，被子），不以害生养；哭泣处哀，不以害生道。今朽尸以留生，广爱以伤行，循哀（哀而不止）以害性，君之失矣。故诸侯之宾客，惭入吾国，本朝之臣惭守其职。崇君之行，不可以导民；从（同“纵”，放纵）君之欲，不可以持国。且婴闻之，朽而不敛，谓之僇尸（陈尸示众。僇，lù，通“戮”）；臭而不收，谓之陈胔（zì，腐烂的尸骨）。反明王之性，行百姓之诽（批评，指责），而内（同“纳”，收藏）嬖妾于僇胔，此之为不可。”

【八段】

公曰：“寡人不识，请因（凭，靠）夫子而为之。”

【九段】

晏子复曰：“国之士大夫、诸侯四邻宾客皆在外，君其哭而节（节制）之。”

【十段】

仲尼（指孔子）闻之曰：“星之昭昭（明亮的样子），不若月之曀曀（隐晦的样子。曀，yì）；小事之成，不若大事之废；君子之非，贤（胜）于小人之是（正确）也。其晏子之谓欤（yú，语气词）！”

不损伤自己的品行，殡殓死者不过分宠爱，送别死者不过分悲哀。品行损伤则会使自己沉溺于私欲中，过分宠爱则会伤害身体，过分悲哀则会损害本性。因此圣王对这些都应加以节制。人死了就要收殓起来，不保留尸体还指望她活过来；棺椁衣服不过分耗费，不妨碍对活人的供养；哭泣哀伤要有节制，不能因此伤身而妨害了养生之道。如今您保留即将腐朽的尸体，希望她生还，过分的爱会伤害品行，悲哀不止会伤害本性，这就是君王您的失误了。所以各国诸侯派来的宾客以来到我国而羞愧，本国的朝臣以留在自己的职位上而惭愧。如果推崇您的行为，就不能引导民众；如果放纵您的私欲，就不能保住国家。况且我听说，尸朽而不入殓，称之为陈尸示众；尸体腐臭而不殡葬，称之为陈列腐肉。违背贤明君王的本性，做百姓非议的事，把宠妾的尸体放到腐烂发臭的地步，这样做是不可以的。”

景公说：“我不懂这些，请遵照先生您的意思办吧。”

晏子禀告说：“我们国家的官员及诸侯邻国的宾客都在外面，您在哭的时候还是要有节制。”

孔子听说这件事后说：“群星明亮，也比不上阴暗的月亮；小事的成功，也比不上大事的废弃；君子的过错，也胜过小人的正确。这大概说的就是晏子吧！”

景公欲以人礼葬走狗晏子谏

题解

齐景公命令给自己死去的爱犬按人的礼节安葬。晏子批评景公此举是耗费钱财的荒唐行为，何况鳏寡孤独得不到抚慰，却给狗厚葬，如此行事必遭百姓怨恨与诸侯轻视，最终迫使景公改变了初衷。

原文

【一段】

景公走狗(善跑的狗，指猎狗)死。公令外共(gōng，通"供"，供应)之棺，内给(jǐ，供给)之祭。晏子闻之，谏。

【二段】

公曰："亦(不过)细物(小事，微不足道的事)也，特(只)以与左右为笑耳。"

【三段】

晏子曰："君过矣！夫厚藉敛(征收赋税)不以反(同"返"，还给)民，弃(浪费)货财而笑左右。傲(轻视)细(小)民之忧，而崇(看重)左右之笑，则国亦无望已。且夫孤老冻馁(něi，饥饿)，而死狗有祭；鳏(guān，无妻或丧妻的男子)寡不恤，而死狗有棺。行辟(邪僻)若此，百姓闻之，必怨吾君；诸侯闻之，

译文

齐景公的猎狗死了，景公命令宫外为它提供棺材，内宫为它准备祭祀用品。晏子听说这件事后，就去劝谏。

景公说："这不过是件小事，只是用它来与左右的臣子取笑玩乐罢了。"

晏子说："您错了！您加重赋税而不把收敛来的钱财用回到百姓身上，却耗费钱财与左右臣子取乐。轻视小民的忧愁，而重视左右臣子的取笑玩乐，这样国家就没有希望了。况且那些孤儿老人受冻挨饿，而死狗却有祭品；鳏夫寡妇得不到救济，而死狗却有棺木安葬。行为邪僻到这种程度，百姓知道后，必然怨恨我们的君王；各国诸侯听说后，

必轻吾国。怨聚于百姓，而权轻于诸侯，而乃以为细物，君其图之。”

必然轻视我们的国家。百姓积聚了怨恨，诸侯轻视您的权威，您还以为这是小事，君王您自己权衡一下吧。”

阅读指导

鳏寡：鳏，指年老无妻或者丧妻的男子。寡，指无丈夫或者丧夫的女子。《孟子·梁惠王下》也言：“老而无妻曰鳏，老而无夫曰寡，老而无子曰独，幼而无父曰孤；此四者，天下之穷民而无告者。”

【四段】

公曰：“善。”趣（通“促”，催促）庖（páo，厨师）治（此指烹饪）狗，以会朝属（朝廷的大臣）。

景公说：“说得好。”于是催促厨师宰杀烹饪狗肉，用它来宴请朝臣。

景公登射思得勇力士与之图国晏子谏

题解

齐景公厌烦礼仪，想不通过礼仪程序得到勇士来治理国家。晏子指出，礼才是治理国家最重要的，礼可以约束勇士的鲁莽行为，可以成为御民的工具。因此，没有礼就无法治理好国家。

原文 译文

【一段】

景公登(登堂)射(指大射礼)，晏子修(修习，奉行)礼而侍(侍奉)。公曰："选射之礼(古代有通过射箭选拔人才的制度，射箭时有一套礼仪，因此说"选射之礼")，寡人厌之矣。吾欲得天下勇士，与之图(商议)国。"

齐景公登堂举行大射，晏子奉行礼仪侍奉他。景公说："通过大射选拔人才的礼仪，我已经厌烦了。我想得到天下的勇士，和他们一起谋划国事。"

【二段】

晏子对曰："君子无礼，是庶人(普通人)也；庶人无礼，是禽兽也。夫臣勇多则弑(shì，臣杀君)其君，子力多则杀其长，然而不敢者，维礼之谓也。礼者所以御(统治)民也，辔(pèi，马缰绳)者所以御马也。无礼而能治国家者，婴未之闻也。"

晏子回答说："君子如果不讲求礼仪，就是普通老百姓了；普通老百姓如果不讲求礼仪，就是禽兽了。臣子勇气多了就会弑杀他们的君王，儿子力气大了就会杀害他们的父亲，然而他们不敢这样做，唯一的原因就是有礼的约束呀。礼是用来治理民众的，缰绳是用来驾驭马匹的。没有礼而能够治理好国家的，我从来没有听说过。"

【三段】

景公曰："善。"乃饬射(整治射礼。饬，chì，整治)更席，以为上客，终日问礼。

景公说："说得好。"于是整治射礼更换座席，将晏子待为上宾，整天询问礼的规则。

卷三　内篇问上第三

庄公问威当世服天下时耶晏子对以行也

题解

晏子认为，作为一国之君，想要威震当世，就要使百姓心服口服，只要重视百姓的生死，任用贤德之人，安于仁义，乐于立世，就能够使天下归服；如果不顾百姓的生死，那么百姓就会组成自己的势力，以追求自己的利益。齐庄公不采信良言，最终落了个身首异处的下场。

原文

【一段】

庄公问晏子曰："威当世而服(使……归服)天下，时耶？"

晏子对曰："行也。"

公曰："何行？"

【二段】

对曰："能爱邦(国，指诸侯国)内之民者，能服(使……顺服)境外之不善；重士民之死力(对朝廷奋不顾身地奉献力量)者，能禁暴国(以暴力残害国家)之邪逆；中听(听取中正之言)任(任用)贤者，能威诸侯；安仁义而乐利世者，能服天下。不能爱邦内之民者，不能服境

译文

齐庄公问晏子道："能威震当世而使天下人归服，靠的是时机吗？"

晏子回答说："靠的是德行。"

庄公问："什么德行？"

晏子回答说："能爱护邦国内百姓的人，就能让国外不友好的人归服；能重视士人和百姓中那些奉献力量的人，就能禁止残害国家的邪恶叛逆之事；能听从中正之言并任用贤人的人，就能威震诸侯；能安于仁义而乐于为世人谋利的人，就能使天下人服从。不能爱护邦国内的民众的人，就

外之不善；轻士民之死力者，不能禁暴国之邪逆；愎谏（固执己见，不听劝谏。愎，bì，固执，任性）傲贤者，不能威诸侯；倍（通"背"，违背）仁义而贪名实（名利）者，不能服天下。威当世而服天下者，此其道也已。"而公不用，晏子退而穷处（隐居）。

不能使境外不友好的人服从；轻视士人和百姓中那些奉献力量的人，就不能禁止残害国家的邪恶叛逆之事；不听从劝谏傲慢对待贤人的劝言的，就不能威震诸侯；违背仁义而贪图名利的人，就不能让天下人顺服。要想威震当世使天下人服从，这就是实现它的基本方法。"可是庄公不采信晏子的话，晏子便辞官隐居到穷乡僻壤之处了。

【三段】

公任勇力之士，而轻臣仆（奴仆）之死，用兵无休，国罢（通"疲"，疲惫，困弱）民害。期年（一年。期，jī），百姓大乱，而身及（赶上）崔氏（崔杼，齐国大夫）祸。

庄公任用勇猛力强之人，而轻视臣下仆从的生死，不停地对外用兵，导致国家疲弱，百姓遭殃。一年后，百姓大乱，而庄公自己被大臣崔杼所杀。

阅读指导

身及崔氏祸：公元前 548 年，齐庄公与崔杼之妻东郭姜通奸。庄公多次去崔杼家，还把崔杼的帽子赏给别人。崔杼得知后大怒，欲谋害庄公。一次，庄公探望崔杼，但意在其妻东郭姜。东郭姜入室，与崔杼一起把门关上不出，齐庄公抱柱唱歌。家丁把庄公的侍从武士拦在外面，手执兵器一拥而上。庄公请求和解，众人不答应，庄公又请求盟誓定约，众人也不答应，庄公于是请求到宗庙自杀，众人仍不答应。大家说："君之臣杼疾病，不能听命。近于公宫，陪臣争掫（zōu）有淫者，不知二命。"庄公跳墙逃跑，被射中大腿，反坠墙里，被杀。

【四段】

君子曰："尽忠不豫交（指预先结交君王。豫，预先），不用不怀禄，晏子可谓廉矣！"

君子评论说："竭尽忠心而不预先结交国君，不被任用也不贪恋禄位，晏婴可以说是廉洁啊！"

景公问圣王其行若何晏子对以衰世而讽

题解

齐景公蔑视诸侯，轻视百姓，放纵欲望，诸侯不喜欢他，百姓不亲附他，景公对此很担忧。晏子通过对比古代贤君和昏君的行为差异，使景公明白了治国之道的上策在于为他人打算，下策是只为自己打算。

原文

【一段】

景公外傲诸侯，内轻百姓，好勇力，崇乐以从(zòng，同“纵”，放纵)嗜欲，诸侯不说(同“悦”)，百姓不亲。公患(担忧)之，问于晏子曰：“古之圣王，其行若何？”

【二段】

晏子对曰：“其行公正而无邪，故谗人不得入；不阿党(偏私结党。阿，ē，偏袒)，不私(偏爱)色，故群徒之卒(靠结党营私谄媚取宠的人)不得容；薄身(薄俭自身。薄，节俭)厚民，故聚敛(搜刮钱财)之人不得行；不侵大国之地，不秏(hào，同“耗”，消耗，减损)小国之民，故诸侯皆欲其尊；不劫(胁迫，威逼)人以兵甲(军队)，不威人以众强，故天下

译文

齐景公对外傲视诸侯，对内轻视百姓，喜好勇力，崇尚享乐而放纵嗜欲，诸侯不喜欢他，百姓不亲附他。景公对此很担忧，就问晏子道：“古代的圣贤君王，他们的行为是怎样的？”

晏子回答道：“他们的行为公正无邪，所以谗佞之人不能入朝为官；不偏私结党，不贪恋女色，所以那些靠偏私结党谄媚取宠的人无法存身；薄俭自身而给民众更多实惠，所以贪婪聚财的人不能畅行无阻；不侵占大国的土地，不耗损小国的财物，所以诸侯们都希望他们的地位尊贵；不用武力胁迫人民，不以人多势众威慑别人，所以天下人都希望他们强大；对诸侯施以仁德教化，对百姓给予慈爱恩泽，所以四海之

皆欲其强；德行教训加于诸侯，慈爱利泽加于百姓，故海内归之若流水。今衰世君人者，辟邪阿党，故谗谄群徒之卒繁；厚身养（指追求个人的舒适享乐），薄视民，故聚敛之人行；侵大国之地，秏小国之民，故诸侯不欲其尊；劫人以兵甲，威人以众强，故天下不欲其强；灾害加于诸侯，劳苦施于百姓，故雠敌（仇敌。雠，chóu）进伐，天下不救，贵戚（王族亲戚）离散，百姓不与（亲附）。”

【三段】

公曰：“然则何若（怎么办）？”

【四段】

对曰：“请卑辞重币（重金，泛指财物），以说（shuì，劝说）于诸侯；轻罪省功（减轻罪罚，省去劳役。功，事功，指劳役），以谢（谢罪）于百姓。其（大概）可乎？”

【五段】

公曰：“诺。”于是卑辞重币，而诸侯附；轻罪省功，而百姓亲。故小国入朝（指到齐国朝拜），燕、鲁共（gōng，通“供”，进献）贡。

【六段】

墨子闻之曰：“晏子知道（懂得治国之道），道在为人，而失在为己（指道义的失去在于自己）。为人者重，自为者轻（只为自己着想的人就轻微）。景公

内的人像流水归大海一样归附于他们。如今衰败之世做国君的，行为邪僻，偏私结党，所以谗佞之徒众多；对自身供养丰厚，对人民却很微薄，所以贪婪聚财之徒处处通行；侵占大国的土地，耗损小国民众的财物，所以诸侯们都不希望他们的地位尊贵；用武力胁迫人民，靠人多势众威慑别人，所以天下人都不希望他们强大；把灾害施加于诸侯，把苦难施加给百姓，所以当敌国来进攻时，天下人都不去救援，同姓的王族亲戚离散奔逃，百姓也不亲附。”

景公说：“那么应该怎么办呢？”

晏子回答说：“请您用谦卑的言辞和丰厚的财物，来劝服各国诸侯；用减轻惩罚和减少徭役，来向百姓谢罪。这样做大概可以了吧？”

景公说：“好的。”于是言辞谦卑，礼物丰厚，诸侯都来归附；减轻刑罚，减少徭役，百姓都来亲附。所以小国都来朝拜，燕国、鲁国都来进献贡品。

墨子听说这件事以后说：“晏子懂得治国之道，治国之道的上策在于替他人打算，下策在于只为自己打算。为他人着想的人就会受到尊重，为自己着想的人就会被轻视。景公

自为，而百姓不与(亲附)；为人，而诸侯为役(驱使)。则道在为人，而行在反己(反躬自省)矣。故晏子知道矣。”

为自己着想，百姓都不亲附；为他人着想，而诸侯都为他所役使。可见治国之道在于为他人着想，而行为在于能反躬自省。所以说晏子算是知晓治国之道了。”

墨子（前468—前376），名翟，生活于春秋末战国初，是墨家学派的创始人，也是战国时期著名的思想家、科学家、军事家，其思想主要记载于《墨子》一书中。他提出了墨家的兼爱、非攻、尚贤、尚同、非命、非乐、节葬、节用、天志、明鬼十大观点，其中以兼爱为核心。墨子还创立了几何学、物理学、逻辑学等科学理论。“墨学”在先秦时期的影响非常大，与儒学并称为“显学”。

景公问欲如桓公用管仲以成霸业晏子对以不能

题解

齐景公希望晏子能像管仲辅佐先君桓公那样辅佐自己，成就霸业。晏子却认为不可能，他先是列举了桓公称霸时的种种善举，同时指出景公执政时的种种弊端，最后得出结论，国家即将面临倾覆的危险，却希望能彰显先君桓公的功绩，岂不是笑谈？

原文

【一段】

景公问晏子曰："昔吾先君桓公，有管仲夷吾保（扶持）乂（yì，安定）齐国，能遂（成）武功而立文德（用礼仪教化取得的成就），纠合（联合）兄弟（指其他诸侯），抚存冀州（借指中原地区的国家），吴、越（春秋时期的两个强国）受令，荆楚惛（mèn，通"闷"，烦闷，有心病）忧，莫不宾服（佩服，归服），勤（辛劳，尽力）于周室，天子加德（嘉奖功德）。先君昭功（赫赫显功），管子之力也。今寡人亦欲存（存放，托付）齐国之政于夫子，夫子以佐佑（辅佐，帮助）寡人，彰（发扬光大）先君之功烈（功业），而继管子之业。"

译文

齐景公问晏子道："从前我的先君桓公，有管仲扶持治理齐国，能成就武功而树立文德，联合其他诸侯国，安抚保全了中原地区的国家，吴国、越国服从命令，楚国心慌而担忧，诸侯无不服从归顺，尽力辅佐周王室，得到周天子的嘉奖表彰。先君的卓越功业，靠的都是管仲的力量啊。如今我也想把齐国的政务托付给您，先生您要辅佐我，使先君桓公的功业发扬光大，继承管子的事业。"

【二段】

晏子对曰："昔吾先君桓公，能任（善于用人，知人善任）用贤，国有什伍（古代户籍与军队编制。户籍以五家为伍，十家为什。军队以五人为伍，二伍为什），治遍细民（百姓）；贵不凌贱，富不傲贫，功不遗（通"遣"，谴责）罢（同"疲"，软弱无能），佞（nìng，有才智的人）不吐（鄙弃）愚，举事不私（办事不为自己着想），听狱不阿（审理案件不偏私。阿，ē，偏私）；内妾无羡（多余）食，外臣无羡禄，鳏寡无饥色；不以饮食之辟（通"癖"，癖好）害民之财，不以宫室之侈劳人之力；节取于民，而普施（给予）之；府（存放钱财的地方）无藏，仓（存放粮食的地方）无粟；上无骄行，下无谄德。是以管子能以齐国免于难，而以吾先君参（并列）乎（于）天子。今君欲彰先君之功烈，而继管子之业，则无以多辟伤百姓，无以嗜欲怨诸侯，孰敢不承善尽力，以顺君意？今君疏远贤人，而任谗谀；使民若不胜（竭力役使民众犹嫌不足），藉敛若不得（尽可能收取赋税犹嫌不足）；厚取于民而薄其施，多求于诸侯而轻其礼；府藏朽蠹（dù，蛀蚀器物的虫子）而礼悖于诸侯，菽粟（shū sù，豆和小米，泛指粮食）藏深而怨积于百姓；君臣交恶（互相憎恨仇视），而政刑无常（政令法规变化无常）。臣恐国之危失，而公不得享也，又恶（wū，怎么）能彰先君之功烈而继管子之业乎？"

晏子回答说："从前我们的先君桓公，能任人唯贤，国家有完备的户籍制度，对百姓的管理十分周全；高贵的不欺凌低贱的，富裕的不傲视贫穷的，有功的不斥责软弱无能的，有才智的不鄙弃愚笨的；处理事情不徇私情，审理案件不偏私；宫内妾妇没有多余的存粮，宫外百官没有多余的俸禄，鳏寡孤独没有饥饿的脸色；君王也不因为自己饮食的嗜好而损害民众的钱财，不因为奢侈的宫室而劳累民力；有节制地取之于民，而普遍地施恩于民；府库里没有积压的钱财，粮库里没有堆积的粮食；君王没有骄横的行为，臣下没有谄媚的品行。因此管子能使齐国免于灾难，而且能使先君桓公位同周天子。如今君王您想把先君的功业发扬光大，继承管子的事业，那么就不要因为自己如此多的嗜好而伤害百姓，不要为了满足自己的嗜欲爱好而结怨诸侯，臣子谁敢不秉承君王的美意去竭尽全力，以顺从您的意愿呢？如今您疏远贤人，而任用谗谀之人；竭力役使民众犹嫌不够，尽力收取赋税犹嫌不够；向民众收取很丰厚，而施与民众的却很少，向诸侯索取很多却看轻诸侯间的礼仪；府库里收藏的东西都腐败生了蛀虫而对诸侯的礼仪却违背了常礼，粮食收藏得很深，却把怨恨积存在百姓心中；君臣之间互相仇视，而政令刑罚变幻无常。我担心国家有倾覆的危险，而您再也不能享有齐国了，又怎能彰显先君显赫的功业，继承管子的功绩呢？"

景公问治国何患
晏子对以社鼠猛狗

题解

齐景公询问什么是国家的祸害，晏子回答说一个是寄居在社坛的社鼠。实际上晏子是把君王身边的侍从比作社鼠，他们因为有君王的庇护，在朝廷内外为非作歹。另一个是掌权的宠臣，他们是国家的恶狗，堵塞忠谏之路。这两种人不除，国家难以长治久安。

原文

【一段】

景公问于晏子曰："治国何患？"

晏子对曰："患夫社鼠（寄居在社坛下的老鼠）。"

译文

齐景公问晏子道："治理国家有什么忧患？"

晏子回答道："忧患是寄居在社坛下的老鼠。"

阅读指导

社：本指土神。古代迷信，人们筑社坛祭社神以祈祷丰年。所祭土神叫社，祭土神的地方也叫社。这里指后者。社坛的周围要种上适当的树。

【二段】

公曰："何谓也？"

对曰："夫社，束木而涂（用泥巴涂抹）之，鼠因往托焉，熏之则恐烧其

景公说："这是什么意思？"

晏子回答说："社坛那个地方，是捆束木板而涂抹泥土修建成的，老鼠因此凭借此处而掘巢做窝，用火熏烤则害怕烧毁木

木，灌之则恐败（毁坏）其涂，此鼠所以不可得杀者，以社故也。夫国亦有社鼠，人主左右是也。内则蔽善恶于君上，外则卖权重（权力大）于百姓。不诛之，则为乱；诛之，则为人主所案据（安定，平息），腹（庇护）而有之。此亦国之社鼠也。宋人有酤（gū，卖）酒者，为器甚洁清，置表（标记）甚长，而酒酸不售，问之里（乡里）人其故，里人云：'公之狗猛，人挈（qiè，提）器而入，且酤公酒，狗迎而噬（shì，咬）之，此酒所以酸而不售也。'夫国亦有猛狗，用事者（掌权的人。此指君王的宠臣）是也。有道术（才能）之士，欲干（求重用）万乘（古代四马一车为一乘，"万乘"代指大国。乘，shèng）之主，而用事者迎而龁（hé，咬）之，此亦国之猛狗也。左右为社鼠，用事者为猛狗，主安得无壅（yōng，堵塞，蒙蔽），国安得无患乎？"

柱，用水浇灌又害怕冲毁泥土，这些老鼠之所以不能被杀死，是因为社坛的缘故。国家也有社鼠，君王左右的小人就是。他们在朝廷内不论好事坏事都对君王隐瞒，在朝廷外他们卖弄权术压榨百姓。不诛杀他们，他们就会作乱；诛杀他们，可君王又会出面安抚平息，庇护宽赦他们。这些人就是国家的社鼠。宋国有个卖酒的人，使用的器具很干净，门前的标记招牌也很长，但他的酒放酸了也卖不出去，他问乡里人这是什么缘故，乡里人说：'你家的狗太凶猛了，人们提着酒罐进你的酒店，要买你家的酒，狗就迎面扑上去咬他，这就是酒放酸了都卖不出去的原因。'国家也有这样凶猛的狗，那些掌权侍奉您的人就是。有掌握治国本事的人，想见大国的君王谋求官职，而那些掌权的宠臣就迎面扑上来咬他，这就是国家的凶狗。君王左右的人是社鼠，掌权管事者是凶狗，君王怎么能不被蒙蔽，国家怎么能没有忧患呢？"

景公问欲令祝史求福 晏子对以当辞罪而无求

题解

齐景公问晏子是否可以通过祭祀祈福。晏子告诉景公，政令要符合民心，居住饮食要有节制，祭祀只悔过不奢求，这样才能神民俱顺。景公接受了晏子的建议，采取了一系列的改进措施，得到了百姓的亲附和邻国的敬畏。

原文

【一段】

景公问晏子曰："寡人意气衰，身病甚。今吾欲具圭璧（都是玉器名。古人祭祀所用的玉器。圭，guī）牺牲（古代祭祀用的纯色整体牲畜，纯色为"牺"，牛羊等为"牲"），令祝宗（祝官与宗官，都是掌管祭祀的官员）荐（进献）之乎上帝宗庙，意者（料想）祀可以干（求）福乎？"

译文

齐景公问晏子："我神志意识都很衰弱，身体的疾病也很严重。如今我想备办玉器和牲畜祭品，让祝官和宗官为我把这些东西敬献给天帝和宗庙，我想通过祭祀可以求福吧？"

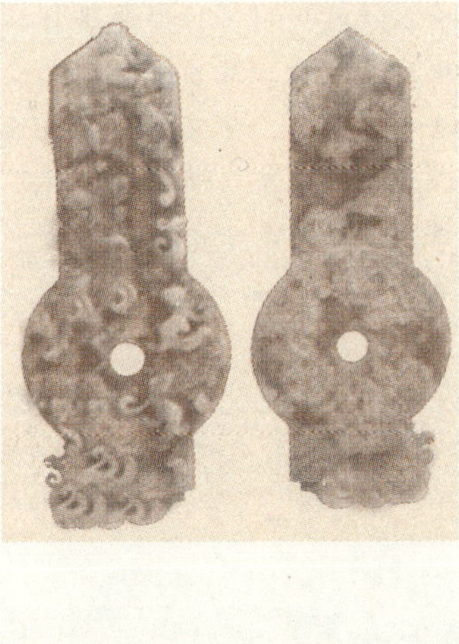

圭璧，一般是在六寸大的璧上雕琢出一个长度为五寸的圭，是古代用于祭祀、朝会的玉器。《周礼·考工记》记载："圭璧五寸，以祀日月星辰。"

【二段】

晏子对曰："婴闻之，古者先君之干福也，政必合乎民，行必顺乎神。节宫室（指修建宫室要注意节俭），不敢大斩伐，以无逼（侵害）山林；节饮食，无多畋（tián，打猎）渔，以无逼川泽；祝宗用事（办理事务），辞罪而不敢有所求也。是以神民俱顺，而山川纳（使人收纳，即进献之意）禄（神，这里指财富）。今君政反乎民，而行悖（bèi，违背）乎神。大宫室，多斩伐，以逼山林；羡饮食，多畋渔，以逼川泽。是以民神俱怨，而山川收禄。司过（负责纠正过失的官职名）荐（举）罪，而祝宗祈福，意者逆（违背）乎！"

晏子回答说："我听说，古时候君王求福的时候，政事必须符合民意，行为必须顺应神灵。修建宫室有节制，不敢大肆砍伐树木，以便不侵害山林资源；饮食有节制，不频繁打猎捕鱼，以便不侵害川泽的野生资源；祝官、宗官举行祭祀时，只能言说罪过而不能有所求取。因此神灵和民众都能顺从，山川也都献出自己的财富。如今您的政事违背了民心，而行为背离了神灵的意志。大肆修建宫室，过多砍伐树木，因此侵害了山林资源；饮食丰盛，频繁打猎捕鱼，因此侵害了川泽的野生资源。为此民众和神灵多有怨恨，而山川也收回了福禄。司过官列举了您的过错，而祝官、宗官却要为您祈福，我想这是相互违背的吧！"

【三段】

公曰："寡人非夫子无所闻此，请革（改变）心易行。"

景公说："我要是没有先生就听不到这些道理，请允许我改变想法和行为。"

【四段】

于是废公阜（地名。阜，fù）之游，止海食之献；斩伐者以时（按照时令），畋渔者有数；居处饮食，节之勿羡；祝宗用事，辞罪而不敢有所求也。故邻国忌（惧怕，畏惧）之，百姓亲之，晏子没（mò，同"殁"，死）而后衰。

于是取消了去公阜的游览，停止进献海鲜食品；砍伐树木按时令进行，打猎捕鱼有限定的次数；居住饮食，有节制而不过分奢侈；祝官、宗官举行祭祀仪式，向神灵悔过而不敢有所祈求。所以邻国都忌惮齐国，百姓都来亲附，直到晏子死后齐国才衰败了。

景公问古之盛君其行如何晏子对以问道者更正

题解

齐景公想知道古代盛德之君的德行，晏子告诉他，古代盛德之君自身供养微薄而对民众供养丰厚，居上位使政治清明，征收钱财先权衡有无，诛罚有罪不避权贵，奖赏有功不遗漏贫贱，活着有厚利施于民，死后还留下遗教垂于后世。看到景公并没有上心，晏子严肃地告诫景公，询问治国之道就要有所触动，并设法改正自己的缺点。

原文

【一段】

景公问晏子曰："古之盛君（功业盛大的君王），其行如何？"

【二段】

晏子对曰："薄于身而厚于民，约于身（约束自身。指自身有节制）而广于世。其处上也，足以明政行教，不以威天下；其取财也，权有无（权衡有无），均贫富，不以养嗜欲；诛不避贵，赏不遗贱；不淫（过度沉迷）于乐，不遁于哀（悲哀不止。遁，同"巡"，徘徊）；尽智导民而不伐（自夸）焉，劳力事民而不责（求）焉；政尚相利，故下

译文

齐景公问晏子道："古代那些功业盛大的君王，他们的行为是怎样的？"

晏子回答说："他们对自身供养微薄而对民众供养丰厚，约束自身而宽容天下。他们身居上位，能充分以此实行贤明的政治并推行教化，不以武力制服天下；他们征收钱财，先权衡有无，均衡贫富，不以此满足自己的嗜欲；诛罚有罪不避权贵，奖赏有功不遗漏贫贱；他们不过度享乐，不过度悲伤；尽自己的智慧引导民众向善而不自我夸耀，辛苦劳累为民办事而无所求；他们为政崇尚互相有利，所以下面的

不以相害为行；教尚相爱，故民不以相恶为名；刑罚中于法（不偏不倚，符合法度。中，zhòng，合），废置顺于民。是以贤者处上而不华（通“哗”，喧哗，此指大肆张扬炫耀），不肖（xiào，贤）者处下而不怨。四海之内，社稷（国家）之中，粒食之民（吃谷物的人。指普通百姓），一意同欲（同心同德），若夫私家之政，生有厚利，死有遗教（留下美德来教导后人）。此盛君之行也。臣闻问道者更正（端正意念），闻道者更容（改变神色，指肃然起敬）。今君税敛重，故民心离；市买悖（买卖货物欺诳诈骗），故商旅（流动的商人）绝；玩好充，故家货殚（dān，尽）。积邪在于上，蓄怨藏于民，嗜欲备于侧，毁非满于国，而公不图（思考）。”

人们以不互相伤害为日常行为；施行教化崇尚互相仁爱，所以民众以不互相憎恶来为自己正名；施行刑罚符合法度，罢免任用都顺应民心。因此贤者居上位而不张扬炫耀，不贤的人居下位而不会怨恨。四海之内，全国之中，凡是吃谷食的民众，都同心同德，对待国事就像对待家事一样，他们活着有厚利施于民，死后还留下美德来教育后人。这就是功业盛大的君王的行为。我听说询问道理的人会端正自己的思想，所以听到治国之道的人表情会有所变化。如今您赋税很重，所以民心离散；市场秩序混乱，所以商人绝迹；供您玩赏的物品很多，所以百姓家的财物就竭尽了。邪僻之气积蓄在上面，怨恨之气就蓄藏在百姓中间，喜好的东西堆积在您的身边，诅咒责难您的言论就充满于国内，而您却不考虑这些。”

【三段】

公曰：“善。”于是令玩好不御（进奉），公市（市场交易）不豫（欺行霸市），宫室不饰，业土（已经动工的土石工程。业，已经）不成，止役轻税。上下行之，而百姓相亲。

景公说：“说得好。”于是命令好玩之物一律不再进奉，市场交易不允许欺行霸市，宫室不再进行装饰，已经动工的土石工程不再进行，停止徭役，减轻赋税。上下一起行动，因此百姓都亲附景公。

景公问善为国家者何如晏子对以举贤官能

题解

齐景公询问善于治理国家的君王如何作为。晏子告诉他，古代贤君把有才能的人提拔到治国理政的岗位，不仅如此，古代贤君还具备甄别贤与不贤的能力。比如观察他在得志时举荐哪些人，不得志时做哪些事，富裕时是否分利，贫困时怎样取财，等等。晏子说这些，其目的是为了能使景公有所警醒。

原文

【一段】

景公问晏子曰："莅（lì，统治）国治民，善为国家者，何如？"

【二段】

晏子对曰："举（提拔）贤以临国（治理国家），官能（授予有才能的人官职）以敕（chì，整饬，治理）民，则其道也。举贤官能，则民与（亲附）君矣。"

【三段】

公曰："虽有贤能，吾庸（怎么，哪里）知乎？"

译文

齐景公问晏子道："统治国家治理民众，善于治理国家的人，是怎样的呢？"

晏子回答说："提拔贤人来治理国家，任用有才能的人管理民众，这就是治国之道。提拔贤人任用能人，那么民众就能亲附国君了。"

景公说："即使有贤人能人，我怎么能知道呢？"

【四段】

晏子对曰："贤而隐(指不被发现，隐藏)，庸为贤乎？吾君亦不务(致力)乎是(这方面。指提拔贤人与能人)，故不知也。"

晏子回答说："贤人如果不被发现，怎么能是贤人呢？您没有致力于这方面，所以不知道。"

【五段】

公曰："请问求贤。"

对曰："观之以其游(交游)，说(评说)之以其行。无以靡曼(形容言辞华丽)辩辞定其行，无以毁誉非议定其身，如此，则不为行(伪装出来的行为。为，通"伪")以扬声，不掩欲以荣君(即"求荣于君"，在君王面前求得荣耀的地位)。故通(通达，得志)则视其所举，穷(困窘，不得志)则视其所不为，富则视其所分，贫则视其所不取。夫上士，难(不肯轻易)进(进身为官)而易退(辞官退隐)也；其次，易进易退也；其下，易进而难退也。以此数物(事)者取人，其(大概)可乎！"

景公说："请问求贤的方法。"

晏子回答说："通过他的交游观察他，通过他的行为评价他。不要凭他的言辞华丽和巧辩去判定他的品行，不要根据别人的诽谤和议论去判定他的为人，这样，他就不会为了博得好名声来宣扬自己，也不会掩盖私欲来向君王求得荣耀的身份。所以在他得志时就观察他推举哪些人，在他不得志时就观察他所不愿意做的事，在他富裕时就观察他分利给什么样的人，在他贫穷时就观察他所不求取的是什么样的东西。上等的读书人，不肯轻易进身为官而轻易辞官隐退；次一等的读书人，轻易进身也轻易隐退；下等的读书人，轻易进身而不肯轻易隐退。凭这些事去选拔人才，大概就可以了。"

景公问君臣身尊而荣难乎晏子对以易

题解

本篇中，晏子对君臣的行为进行了界定。晏子认为，君王节俭，百姓就平安；加重赋税，任用奸佞，自身就危险。而臣子守信，不僭越，自己就荣耀；若结党营私，越权行事，就会遭到罢免。

原文

【一段】

景公问晏子曰："为君身尊民安，为臣事治（治理得好）身荣（尊显荣耀），难乎，易乎？"

【二段】

晏子对曰："易。"

公曰："何若（怎么去做）？"

【三段】

对曰："为君，节养（节约费用。养，指宫中的用度），其余以顾民，则身尊而民安；为臣，忠信而无逾（超越）职业，则事治而身荣。"

【四段】

公又问："为君何行则危？为臣何行则废（罢免）？"

译文

齐景公问晏子道："做国君的，自身尊贵，百姓安定；做臣子的，事情办得好自身也荣耀。要做到这些，是困难呢，还是容易呢？"

晏子回答说："容易。"

景公问："应该怎样做呢？"

晏子回答说："作为君王，节制自己的奉养，把多余的钱财施与民众，那么君王就尊贵而民众也安定；作为臣子，忠实守信，不做超越职守范围的事，那么国事就能得治理好而且自身也能荣耀。"

景公又问："作为君王，什么行为会酿成危险？作为臣子，有什么行为就应该罢免他？"

【五段】

晏子对曰："为君，厚藉敛（征收赋税。藉，通"籍"）而托（推托，借口）之为民，进谗谀而托之用贤，远公正而托之不顺。君行此三者则危。为臣，比周（结党，因私利勾结在一起）以求进，逾职业，防下隐利（隐匿私利）而求多；从君，不陈过而求亲。人臣行此三者则废。故明君不以邪观民（昭示百姓。观，让……看），守则（法则）而不亏（损害），立法仪（准则）而不犯，苟有所求于民，不以身害之，是故刑政安（安稳不变，顺利实施）于下，民心固于上。故察士（能明察是非的人）不比周而进，不为苟（不正当）而求，言无阴阳（说话不阳奉阴违），行无内外（表里不一），顺则进，否则退，不与上行邪，是以进不失廉，退不失行也。"

晏子回答说："作为君王，加重赋税却借口说是为了百姓，任用谗谀小人却借口说是任用贤人，疏远公正之人却借口说他们不顺从自己。君王实行这三条就会有危险。作为臣子，结党营私以求进阶升官，做事超越职权范围，防备下属隐瞒私利而贪求多取；侍奉君王，不匡正过失而只求亲近。作为臣子实行这三条那么就罢黜他。所以贤明的君王不向民众显示自己的邪僻，遵守法则而不加以损害，树立法度规则而不随意触犯，如果对民众有什么要求，也不因自身的私利而损害民众的利益，因此刑罚政令在百姓中得以顺利实施，民心都能紧密地归附于君王。所以能明察事理的读书人不会结党营私而求取进阶升官，不为不正当的利益而索取，言论不阳奉阴违，行为表里如一，顺乎民心就进身为官，否则就辞官隐退，不与君王一起干邪僻的事情，因此进身为官不丧失廉洁，辞官退隐也不丧失品行。"

景公问贤君治国若何 晏子对以任贤爱民

题解

在本篇中，晏子对古代贤君进行了理想化的描述。在晏子眼中，古代贤君能够任用贤能，收取赋税有节制，不结怨邻国发生争端，没有骄横的品行，没有多余的财物，用自己的言行引导人民相亲相爱。

原文

【一段】

景公问晏子曰："贤君之治国若何？"

【一段】

晏子对曰："其政任贤，其行爱民；其取下节(向下索取有节制)，其自养俭；在上不犯下，在治(安定)不傲穷(困窘)；从(同"纵"，放纵)邪害民者有罪，进善举过(举君过失)者有赏。其政，刻(严厉)上而饶(宽恕)下，赦过而救穷；不因喜以加赏，不因怒以加罚；不从欲以劳民，不修怒(当为"怨"字，指结怨于诸侯)而危国；上无骄行，下无谄德；上无私义，下无窃权(超越本职且专权)；上无朽蠹(dù，蛀蚀器物的虫子)之藏，下无冻馁(něi，挨饿)之民；不事骄行而尚同，其民安乐而尚亲。贤君之治国若此。"

译文

齐景公问晏子道："贤明的君王是怎样治理国家的？"

晏子回答说："他在政治上是任用贤人，在行为上是爱护百姓；他对百姓收取赋税有节制，而自身的供养很节俭；居于上位却不侵犯下级，当国家安定时不傲视处境艰难的国家；对放纵邪恶伤害民众的人加罪惩罚，对进献善言举出过错的人给予奖赏。他的政治，严格要求上级而宽恕下民，赦免下民的过错而救济贫穷；不因自己的喜欢而增加奖赏，不因自己的恼怒而加重刑罚；不放纵自己的欲望而使百姓劳苦，不结怨激怒别国而使国家危险；在上的君王没有骄横的行为，在下的臣子没有谄媚的德行；在上的君王不讲私情私义，在下的臣子没有专权的事情；朝廷无腐朽虫蛀的藏货，民间没有饥寒交迫的百姓；不做骄横的事情而崇尚上下一心，百姓安居乐业而崇尚相亲相爱。贤明的君王就是这样治理国家的。"

景公问忠臣之事君何若晏子对以不与君陷于难

题解

齐景公问晏子忠臣应当如何侍奉君王。晏子指出，所谓的忠臣，是对国家的忠诚，而不是对某个人的忠诚。对某个人的忠诚，只是愚忠。如果国家治理得很好，君王怎么还会有灾难呢？所以，侍奉君王，实际上是侍奉国家。真正侍奉君王饮食起居的仆役，是不能称为忠臣的。

原文

【一段】

景公问于晏子曰："忠臣之事(侍奉)君何若？"

【二段】

晏子对曰："有难不死(指君王遇难不为他殉死)，出亡不送(指君王流亡国外不跟随他。亡，逃亡)。"

【三段】

公不说(同"悦"，高兴)，曰："君裂地(分割土地)而封之，疏爵(分封。疏，分)而贵之，君有难不死，出亡不送，其说何也？"

译文

齐景公问晏子道："忠臣是怎样侍奉君王的？"

晏子回答说："君王遇难不为他殉死，君王流亡不跟随他出逃。"

景公很不高兴，说："君王分割土地封赏给臣子，分封爵位使臣子尊贵，君王遇难却不为君王殉死，君王流亡而不跟从他出逃，这种说法有什么道理吗？"

【四段】

对曰："言而见(被)用，终身无难，臣奚(xī，何)死焉？谋而见从，终身不亡，臣奚送焉？若言不见用，有难而死之，是妄死(无意义的死。妄，胡乱)也；谋而不见从，出亡而送之，是诈伪也。故忠臣也者，能纳善(献出好计策。纳，献出)于君，不能与君陷于难。"

晏子回答说："臣子说的话能被采信，君王就会终生没有灾难，臣子何必去殉死呢？谋划的主意能被采纳，君王就会终生不用流亡，臣子何必跟从他出逃呢？如果说的话不被采纳，君王遇难而臣子殉死，那就是枉死；如果谋划的主意不被采纳，君王逃亡而跟从他出逃，那就是虚伪。所以所谓忠臣，就是能够给君王进献善言良策，不能和君王一起陷于危难的境地。"

景公问忠臣之行何如 晏子对以不与君行邪

题解

齐景公向晏子询问关于忠臣的品行问题。晏子指出，忠臣必须敢于向君王进谏，任人唯贤，为人正派；同时，还要做到该进则进，该退则退，不与君王一起做邪僻的事情。

原文

【一段】

景公问晏子曰："忠臣之行何如？"

【二段】

对曰："不掩君过，谏乎前，不华（通"哗"，此指宣扬）乎外；选贤进能，不私（偏爱）乎内（指个人小圈子之内，如亲友、亲信等）；称（chēng，衡量。引申为计较）身就位（官职），计能定禄；睹贤不居其上，受禄不过其量；不权（权衡）居（官位）以为行，不称位以为忠；不掩（掩盖）贤以隐长，不刻下（对下苛刻）以谀上；君在不事（侍奉）太子，国危不交诸侯；顺（顺理顺心，指既符合道义常理，又符合个人的志向原则）则进，否则退，不与君行邪也。"

译文

齐景公问晏子道："忠臣的品行是怎样的？"

晏子回答说："不掩饰君王的过错，对君王的过失当面劝谏，不在外面宣扬；选拔贤人推举能人，对自己亲近的人不偏私；衡量自身能力再担任适当的官职，估量自身能力再接受合适的俸禄；看见贤于自己的人就不居于他的上位，接受俸禄不超过自己应得的数量；不以官位高低作为自己的行为准则，也不以地位高低作为忠诚的标准；不压制贤人而隐瞒他们的长处，不刻薄对待下级也不逢迎上级；君王健在不侍奉太子，国家危难时不结交诸侯；顺理顺心就进身为官，否则就辞官隐退，不与君王一起做邪僻的事情。"

景公问古之莅国者任人如何 晏子对以人不同能

题解

本篇中，晏子借宣扬古代明君的用人方略，实际上是阐述了自己的用人理念。晏子认为，君王身边不留阿谀奉承之徒，不用结党营私之辈，任用他人做擅长之事，不勉强他人做不擅长之事。

原文

【一段】

景公问晏子曰："古之莅（lì，治理）国治民者，其任人何如？"

【二段】

晏子对曰："地不同生（同"性"），而任之以一种，责（要求）其俱生不可得；人不同能，而任之以一事，不可责遍成（不能苛求他什么事都成功。遍，普遍，全）。责焉无已（不止。已，停止），智者有不能给（jǐ，供给丰足）；求焉无餍（yàn，饱，引申为满足），天地有不能赡（丰足）也。故明王之任人，谄谀不迩（ěr，近）乎左右，阿党（阿，偏私。党，结党）不治乎本朝；任人之长，不强其短，任人之工（擅长），不强其拙。此任人之大略（大致）也。"

译文

齐景公问晏子道："古时候统治国家、治理民众的君王，他们是怎么任用人才的？"

晏子回答说："土地各有不同的性能，却都种植一种作物，要求万物都生在同一块土地上是不可能的；人各有不同的才能，却委任一样的事情，不可以要求每个人什么事都能成功。无止境地要求别人做事情，再有智慧的人也有不能满足要求的时候；求取永不满足，天地也有不能供给丰足的时候。所以贤明的君王任用人才，不让谄谀奉承的人靠近，不让偏私结党的人在朝廷做官；任用人的长处，不勉强他的短处，任用他做擅长的事，不勉强他做不擅长的事。这就是他们任用人才的大致情况。"

景公问古者离散其民如何 晏子对以今闻公令如寇雠

题解

齐景公向晏子了解古代那些祸国殃民的君王的行为，晏子列举了他们的种种恶劣行径，其实是为了给齐景公以告诫和提醒，不要重蹈那些亡国之君的覆辙。

原文

【一段】

景公问晏子曰："古者离散其民而陨失(损失，丧失。陨，yǔn)其国者，其常行何如？"

【二段】

晏子对曰："国贫而好大，智薄而好专(专断，独断专行)；贵贱无亲焉，大臣无礼焉；尚(尊崇)谗谀而贱贤人，乐简慢(怠慢无礼)而玩(轻视)百姓；国无常法，民无经纪(纲纪)；好辩以为智，刻民以为忠；流湎(流连沉湎。湎，miǎn)而忘国，好兵而忘民；肃(严厉)于罪诛，而慢于庆赏；乐人之哀，利人之难；德不足以怀人，政不足以惠民；赏不足以劝(鼓励，勉励)善，刑不足以防非。此亡国之行也。今民闻公令如寇雠(仇敌。雠，chóu)，此古之离散其民陨失其国者之常行也。"

译文

齐景公问晏子道："古时候那些使民众离散而丧失自己国家的君王，其平时的行为是怎样的？"

晏子回答说："国家贫困却喜欢妄自尊大，才智浅薄却喜好独断专行；对地位高和地位低的人都不亲近，对大臣不以礼相待；推崇谗谀奉承之人而贱视贤人，喜欢怠慢无礼之人而轻视百姓；国家没有固定的法律，民众没有可遵循的纲纪；把能言善辩当作聪明，把苛刻待民当作忠诚；沉溺于酒色而忘记了国家的利害，喜好用兵打仗而忘记了人民的疾苦；使用严刑峻法，而怠慢于庆功奖赏；把别人的悲哀当作自己的快乐，从别人的危难中获利；品德不足以使人怀念，其政治不足以恩惠民众；奖赏不足以勉励善行，刑罚不足以防止邪恶。这些都是亡国的行为。如今民众听到您的政令就像遇到仇敌，这就是古代离散自己的民众、丧失自己的国家的通常的所作所为啊。"

景公问欲和臣亲下 晏子对以信顺俭节

题解

齐景公想知道怎样才能与臣子和谐相处，与百姓亲近。晏子告诉他，君王对臣子要信任，不求全责备，不任用奸佞，就能赢得臣子的心；了解民间疾苦，不让百姓挨饿受冻，百姓就会亲附君王。景公听取了晏子的意见，采取了一些改进措施，收到了一定的效果。

原文

【一段】

景公问晏子曰："吾欲和臣亲下（君臣和谐，亲近百姓），奈何？"

【二段】

晏子对曰："君得臣而任使之，与言信（言语诚实），必顺其令，赦其过；任大臣无多责焉，使迩臣（近臣，君王身边的人。迩，ěr）无求嬖（bì，宠幸）焉；无以嗜欲贫其家，无信谗人伤其心；家不外求（指俸禄之外的索求）而足，事君不因人而进（晋升），则臣和矣。俭于藉敛（征敛赋税），节于货财；作工不历时（超过农时。历，过），使民不尽力（用尽民力）；百官（泛指各级官吏）节适（精简适当），关市（关隘

译文

齐景公问晏子道："我想与臣下和谐，与民众亲近，应该怎么办呢？"

晏子回答说："君王得到臣子而任用他们，与他们谈话就要讲诚信，一定要尊重他们所发的命令，赦免他们的过失；任用大臣不要求全责备，使用近臣不要特别宠幸他们；不要为了满足自己的嗜欲而使他们贫困，不要亲近谗佞之人而伤害臣子的心；使臣子家里不需向外求助而能有足够的钱财，他们侍奉君王不凭借私人的关系就能被提拔晋升，这样君臣间就和谐了。征收赋税要节制，使用货物要节约；兴建工程不超过农时，役使民众不要竭尽民力；各种官制设置要精简适当，减少关卡、集市

和市场）省征；山林陂（bēi，池岸）泽，不专其利（不独霸它的利益）；领民（领地的百姓）治民，勿使烦乱；知其贫富，勿使冻馁（něi，挨饿），则民亲矣。”

的征税；对山林池泽的利益不全部据为己有；引领民众治理民众，不要使他们感到烦困扰乱；了解民众的贫富状况，不要让他们受冻挨饿，这样民众就会亲附您了。”

【三段】

公曰：“善！寡人闻命矣。”故令诸子无外亲谒（指不要让外人亲近求见。谒，yè），辟（免去）梁丘据无使受报（处罚罪犯）；百官节适，关市省征，山林陂泽不禁；冤报者过（探访），留狱者请（请问）焉。

景公说：“说得好！我听从您的教诲了。”于是下令自己的儿子们不要与外人亲近来往，罢免梁丘据，不再让他担任给犯人定罪的官职；各种官制设置精简适当，减少关卡、集市的征税，山林池泽不设禁令；蒙受冤案者有人探访，长期关押在狱中的人有人过问。

景公问得贤之道
晏子对以举之以语考之以事

题解

本篇晏子列举了考察贤良的方法，即根据他的言行、为人处事的方式进行考察，特别强调对贤人既要亲近又不能超越礼制地限制。作为君王，要做到不符合正道的话不说，不符合法令的事不做。

原文

【一段】

景公问晏子曰："取人得贤之道何如？"

【二段】

晏子对曰："举（举用，选拔）之以语，考之以事，能谕（知道，通晓），则尚（崇尚，尊重）而亲之，近而勿辱（亲昵而不狎辱，指遵守礼仪）。以取人，则得贤之道也。是以明君居上，寡其官（设置的官职少）而多其行，拙（粗略）于文（文采。指华丽的外表）而工（讲究）于事，言不中（说的话不符合正道）不言，行不法（做的事不符合法令）不为也。"

译文

齐景公问晏子道："求取人才得到贤人的办法是什么？"

晏子回答说："根据他的言语来举荐他，根据他的行事来考察他，如果他能通晓事理，那么就尊重并亲近他，亲近而不失礼。以此求取人才，就能得到贤人了。因此贤明的君王居于上位，就要减少官职的设置而多注重行为，不看重华丽的外表而注重办事的能力，不符合正道的话不说，不符合法令的事不做。"

景公问臣之报君何以 晏子对以报以德

题解

在本篇中，晏子提出了“择君而事”的主张，要求臣子不能一味地逢迎君王，而要以德来报效君王，根据君王有道或无道采取不同的态度。

原文

【一段】

景公问晏子曰：“臣之报君何以（用什么）？”

【二段】

晏子对曰：“臣虽不知（同“智”，明智），必务（努力）报君以德。士逢有道之君，则顺其令；逢无道之君，则争（通“诤”，zhèng，劝谏）其不义。故君者择臣而使之，臣虽贱，亦得择君而事（侍奉）之。”

译文

景公问晏子道：“臣子用什么来报效君王呢？”

晏子回答说：“臣子即使不明智，也一定竭尽全力以德来报效君王。士人遇上有道的君王，那么就顺从他的政令；遇上无道的君王，那么就会对他的不符合道义的行为进行劝谏。所以君王要选择好的臣子来使用，臣子虽然地位低贱，也要选择好的君王来侍奉。”

阅读指导

择君而事：指要选择好的国君并为他做事，侍奉他，意思同于“择主而事”。《左传》记载孔子曾言：“鸟则择木，木岂能择鸟？”意思是说，鸟可以选择树木，树木怎么能选择鸟呢？后来在《三国演义》第三回中又演化为千古名言：“良禽择木而栖，贤臣择主而事。”好的禽鸟能够选择好的树木来栖息，而贤能的臣下也能够选择明主并为他做事，侍奉他。

景公问临国莅民所患何也晏子对以患者三

题解

齐景公问晏子，治理国家最担心什么。晏子指出，忠臣不被信任，被信任的臣子对君王不忠诚，君臣不能上下一心、同心同德，这是治理国家最担忧的三件事情。

原文

【一段】

景公问晏子曰：“临（统治）国莅（lì，治理）民，所患（忧虑，担心）何也？”

【二段】

晏子对曰：“所患者三：忠臣不信，一患也；信臣不忠，二患也；君臣异心，三患也。是以明君居上，无忠而不信，无信而不忠者。是以君臣同欲（君臣一心，所思所想一致），而百姓无怨也。”

译文

齐景公问晏子道：“统治国家治理民众，所担忧的是什么？”

晏子回答说：“所担忧的有三点：对忠诚的臣子不信任，这是第一件担忧的事情；被信任的臣子不忠诚，这是第二件担忧的事情；君臣不能同心同德，这是第三件担忧的事情。因此贤明的君王居于上位，没有忠臣而不被信任的，也没有信任的臣子不忠诚的。所以君臣一心，百姓就不会有怨恨。”

景公问为政何患　晏子对以善恶不分

题解

在本篇中，晏子提出了自己对国家政事的担心，那就是不分善恶。晏子认为，考察善恶，作为君王首先要审慎地选择身边的人。

原文

【一段】

景公问于晏子曰："为政（从事政治，即治理国家）何患（担心，忧虑）？"

晏子对曰："患善恶之不分。"

公曰："何以察之？"

【二段】

对曰："审择左右（审慎地选择身边的近臣）。左右善，则百僚（官吏）各得其所宜，而善恶分。"

【三段】

孔子闻之曰："此言也信（确实）矣！善进（入朝为官），则不善无由（没有缘由）入（与"进"同义）矣；不善进，则善无由入矣。"

译文

齐景公问晏子道："治理国家最担忧什么？"

晏子回答说："最担忧善恶不分。"

景公说："用什么办法考察善恶呢？"

晏子回答说："审慎地选择身边的人。身边的臣子好，那么百官就都能得到合适的位置，因此好坏就能分辨出来了。"

孔子听到此话后说："这话真对呀！好人入朝为官，那么不好的人就没有缘由进入朝廷为官了；不好的人入朝为官，那么好人也就没有缘由进入朝廷为官了。"

景公问何修则夫先王之游晏子对以省耕实

题解

对于齐景公劳民伤财的游历举动，晏子尖锐地指出，古代贤君春天出游是为了察看春耕情况并给无力耕种的人补贴，秋天巡游是为了考察秋收情况并给歉收的人补贴，而不是为了游山玩水，迫使景公采取了一些利民措施。

原文

【一段】

景公出游，问于晏子曰："吾欲观于转附（即之罘（fú）山，在今山东烟台市芝罘岛上）、朝舞，遵（沿着……走）海而南，至于琅琊（山名，在今山东诸城东南）。寡人何修（做什么事情），则（效法）夫先王之游？"

译文

齐景公外出巡游，问晏子道："我打算到转附山和朝舞山去游览一番，然后沿着海边向南走，直达琅琊山。我应该怎样做，才能效法先王的出游呢？"

朝舞，指成头山，又称为成山角，位于今山东省荣成市的龙须岛镇，为山东半岛的最东端，三面环海。春秋时期称为"朝舞"，被誉为"太阳升起的地方"。

【二段】

晏子再拜曰："善哉！君之问也。婴闻之，天子之(到……去)诸侯为巡狩(巡视。狩，shòu)，诸侯之天子为述职(报告本职工作的完成情况。述，陈述)。故春省耕而补不足者谓之游，秋省(xǐng，考察)实(收获)而助不给(jǐ，丰足)者谓之豫。夏谚曰：'吾君不游，我曷(hé，何)以休(休止，完成)？吾君不豫，我曷以助？一游一豫，为诸侯度(法度，准则)。'今君之游不然，师行而粮食(大批随行人员巡游要耗费大量粮食。师，众。指大批人员随行。粮，粮食。食，食用)，贫者不补，劳者不息。夫从(同"纵"，放纵，纵情)下(指低处)历时(超过正常的时间)而不反(同"返")谓之流，从高(指高处)历时而不反谓之连，从兽(指打猎)而不归谓之荒(指过度沉湎狩猎活动)，从乐而不归谓之亡(指过度沉湎于享乐)。古者圣王无流连之游、荒亡之行。"

晏子拜了两拜，说："您问得好呀！我听说，天子前往各诸侯国去叫作巡狩，诸侯去朝见天子叫作述职。所以春天察看农耕情况而补助有所不足的农户叫作游，秋季察看收获情况而补助不充裕的农户叫作豫。夏朝有句谚语说：'我们的君王不春游，我们怎么能完成春耕？我们的君王不秋游，我们怎么能得到补助？君王的春游、秋游，足以作为诸侯们的法度。'如今您出游就不是这样，随行的大批人员要耗费大量的粮食，贫苦的人得不到补助，劳作的人得不到休息。纵情玩水超时不回去的叫作流，纵情游山超时不回去的叫作连，纵情狩猎不回去的叫作荒，纵情享乐没有节制的叫作亡。古代圣明的君王没有流连之类的游乐、荒亡之类的行为。"

【三段】

公曰："善。"命吏计公禀(通"廪"，lǐn，粮仓)之粟，藉(通"籍"，登记，统计)长幼贫氓(méng，民)之数。吏所委(送给)发(开)廪出粟以予贫民者三千钟(古代量器，六斛四斗为一钟)；公所身(亲身)见癃(lóng，年老衰弱多病)老者七十人，振(即"赈"，救济)赡(供养)之，然后归也。

景公说："说得好。"于是命令官吏统计国家仓库里的粮食，登记年老年幼贫民的数量。官吏把仓库里的粮食分出三千钟给贫民；景公亲自接见七十位衰弱疲病的老人，救济供养他们，然后才返回。

景公问桓公何以致霸晏子对以下贤以身

题解

晏子认为，尽管齐桓公有爱好美食、贪恋美色等“小节”上的毛病，“大节”方面却能以政令改变旧俗、礼贤下士、任用贤能，人民亲附他，诸侯畏惧他，所以才能成就霸业。

原文

【一段】

景公问于晏子曰：“昔吾先君桓公，善饮酒，穷乐（极力作乐），食味方丈（一丈见方。形容齐桓公摆放菜肴的地方之大，意即奢侈浪费），好色无别（没有亲疏之别）。辟（邪僻，荒唐）若此，何以能率诸侯以朝天子（周天子）乎？”

【二段】

晏子对曰：“昔吾先君桓公，变俗以政，下贤（礼贤下士）以身（亲身）。管仲，君之贼（仇人）者也，知其能足以安国济（成就，建立）功，故迎之于鲁郊（边境），自御（驾车），礼之于庙（宗庙）。异日，君过于康庄（泛指四通八达的道路），闻宁戚（卫国人，为人挽车至齐，齐桓公拜为大夫）歌，止车而听之，则贤人之风（风范）也，

译文

齐景公问晏子道：“从前我们的先君桓公，喜好饮酒，尽情作乐，美食佳肴摆满一丈大的地方，喜好女色，没有亲疏之别。行为如此邪僻，为什么却能率领诸侯去朝拜周天子呢？”

晏子回答道：“从前我们的先君桓公，以政令改变了旧俗，亲身礼贤下士。管仲，原本是桓公的仇人，但桓公知道他的才能足以安定国家，建立功勋，所以到鲁国的边界迎接他，亲自为他驾车，在宗庙内对他以礼相待。又有一天，桓公从四通八达的道路上通过，听到宁戚在唱歌，便停下车仔细倾听，发现他大有贤人的风范，便

举(提拔)以为大田(官职，农官)。先君见贤不留(滞留，埋没)，使能不怠(怠慢)，是以内政则民怀(感念，即心悦诚服)之，征伐则诸侯畏之。今君闻先君之过，而不能明其大节。桓公之霸也，君奚疑焉？”

举荐他担任主管大田的职务。先君桓公见到贤人就不让他埋没在民间，任用有才能的人从不怠慢他们，因此他处理内政而人民都感念他，他出兵讨伐而诸侯都畏惧他。现在您只听到先君桓公的过失，而不能了解他的大节。对于桓公称霸诸侯的事，您还有什么可怀疑的吗？”

阅读指导

君之贼者：指君王的仇人。贼，此指仇人。公元前686年，齐襄公被杀，他的两个兄弟公子纠和公子小白争相赶回齐都临淄以夺君位。当时管仲辅佐公子纠，为帮助公子纠，他用箭射杀小白，结果只是射中了小白的衣带钩。而小白乘机装死，骗过了公子纠与管仲，抢先回国，夺了君位，即齐桓公。但桓公听从鲍叔牙的劝告，不但不记管仲这一箭之仇，反而重用他，终成霸业。

景公问欲逮桓公之后晏子对以任非其人

题解

齐景公想效法桓公成就霸业，晏子尖锐地指出了景公与先君桓公的明显差别，就是桓公身边有鲍叔牙、管仲那样的贤臣，而景公的身边除了倡伎俳优就是谗佞阿谀之人，怎么能成就霸业呢？

原文

【一段】

景公问晏子曰："昔吾先君桓公，从车（让兵车跟着自己。指率领兵车）三百乘（shèng，辆），九（泛指多次）合（会合，会盟）诸侯，一匡（匡正）天下。今吾从车千乘，可以逮（dài，及。引申为追随）先君桓公之后乎？"

译文

齐景公问晏子道："从前我们的先君桓公，统领兵车只有三百辆，却能多次会盟诸侯，使天下之事得到匡正。如今我有兵车一千辆，可以追随先君桓公之后而成就霸业吗？"

阅读指导

乘：四马拉一车为一乘。古代常以兵车数量衡量国家的实力，文中的"三百乘"指较为弱小者，下文中的"千乘"，则是中等实力。通常情况下，"千乘之国"指中等诸侯国，"万乘之国"指大的诸侯国。

【二段】

晏子对曰："桓公从车三百乘，九合诸侯，一匡天下者，左有鲍叔（鲍叔牙，他把管仲推荐给桓公），右有仲父（管仲。桓公尊其为仲父，意思是像对待父亲一样对待他）。今君左为倡（chāng，表演歌舞的艺人），右为优（表演杂技的艺人），谗人在前，谀人在后，又焉可逮桓公之后者乎？"

晏子回答说："桓公之所以能统领兵车三百辆，多次会盟诸侯，统一匡正天下，是因为他左有鲍叔牙，右有管仲。如今您左边是倡伎，右边是俳优，喜欢谗言的人在身前，善于阿谀的人在身后，又怎么能追随先君桓公之后而成就霸业呢？"

鲍叔牙（约前723或前716—前644），春秋时齐国大夫，姒（sì）姓，鲍氏，亦称"鲍叔""鲍子"。早期管仲贫困，鲍叔牙时常接济他。后来管仲侍奉齐僖（xī）公的儿子公子纠，鲍叔牙侍奉公子纠的弟弟公子小白。齐国内乱，管仲随公子纠出奔鲁国，鲍叔牙随公子小白出奔莒（jǔ）国，小白返国继承君位之后，公子纠被杀，管仲被囚车押送回国。鲍叔牙推荐管仲当上了宰相，被时人誉为"管鲍之交""鲍子遗风"。

景公问为臣之道晏子对以九节

题解

本篇中，晏子列举了臣子应该遵守的九条准则。他告诫朝廷大臣要实行善政，举荐贤人，不苟且求官，不苟且求财。这些思想在今天仍有现实意义。

原文

【一段】

景公问晏子曰："请问为臣之道。"

【二段】

晏子对曰："见善必通（执行，实行），不私其利；荐善而不有其名；称身居位，不为苟（苟且，不正当）进；称事授（通"受"，接受）禄，不为苟得；体贵（指地位尊贵。体，置身）侧贱（指地位低贱。侧，置身），不逆其伦；居贤（指地位高）不肖（不贤，指地位低），不乱其序；肥利之地，不为私邑（私人的食邑）；贤质之士（有才能又质朴的人。质，质朴），不为私臣（家臣）；君用其所言，民得其所利，而不伐（自夸，夸耀）其功。此臣之道也。"

译文

齐景公问晏子道："请问做臣子的准则。"

晏子回答说："见到好的政令就一定去执行，不从中牟取私利；推荐贤德的人而不希图举贤的好名声；衡量自己的才能然后去担任相应的官职，不苟且求官上进；衡量自己所做的事情再接受适当的俸禄，不苟且求取获得；不管身份尊贵还是低贱，不违背伦理次序；不管地位高还是地位低，不颠倒次序；不把肥沃有利的土地作为自己的私邑；不把贤能质朴的读书人作为自己的家臣；君王采纳他的建议，民众得到他所带来的利益，而他不夸耀自己的功劳。这就是做臣子的基本准则。"

景公问贤不肖可学乎晏子对以强勉为上

题解

本篇中，晏子引用《诗经》中的句子，强调人应该往高处看，往正道上走，在诸侯并立、列士并学的情况下，只要一心向善，坚持不懈，就能居于众人之上。

原文

【一段】

景公问晏子曰："人性有贤不肖，可学乎？"

【二段】

晏子对曰："《诗》云：'高山仰止（语尾助词），景行（大道。景，大。行，háng，大道）行（xíng，行走）止。'之者（向善的人。之，往）其人也（大概说的就是这个人吧）。故诸侯并立，善而不怠者为长；列士（众多的读书人）并学，终善（学好而坚持到最后）者为师。"

译文

齐景公问晏子道："人性有好的和不好的，是可以学好的吗？"

晏子回答说："《诗经》上说：'高山令人仰望，大道引人前行。'大概说的就是向善之人吧。所以在诸侯并立的情况下，只有向善而不懈怠的人才会成为诸侯之长；众多的读书人在一起学习，学好并坚持到最后的人就能成为老师。"

阅读指导

高山仰止，景行行止：语出《诗经·小雅》。高山，比喻高尚的德行。景行，大道，比喻行为正大光明，经常喻以"崇高的品行"之意。后以"高山景行"比喻崇高的德行。后司马迁在《史记·孔子世家》中专门引以赞美孔子，"《诗》有之：'高山仰止，景行行止。'虽不能至，然心向往之。"这使得本来的意思发生了变化。

景公问国如何则谓安
晏子对以内安政外归义

题解

齐景公问晏子：一个国家怎样才算是安定的？晏子说，国内的百姓安心于国家的政治，别国的百姓也归服于这个国家的仁义，这样就算是安定了。

原文

【一段】

景公问晏子曰："国如何则可谓安矣？"

【二段】

晏子对曰："下无讳言（忌讳的话），官无怨治（积压的政事。怨，yùn，通"蕴"，积压）；通人（显达之人）不华，穷民（困窘的人）不怨；喜乐无羡赏（乱施赏赐。羡，多余），忿怒无羡刑（滥用刑罚）；上有礼于士，下有恩于民；地博不兼小（兼并小国），兵强不劫弱；百姓内安其政，外（他国的百姓）归其义。可谓安矣。"

译文

齐景公问晏子道："国家要怎样才可以称为安定？"

晏子回答说："下面的人没有什么忌讳的话，官府没有积压的政事；显达的人不奢侈，困窘的人不怨恨；君王高兴时不乱施赏赐，愤怒时不乱施刑罚；在上能礼待士人，在下对民众有恩惠；地域广博但不兼并小国，兵力强大但不侵犯弱国；国内的百姓对国家的统治感到安心，他国的百姓因这个国家的道义而归服。这样国家就可以称为安定了。"

晏子使吴吴王问可处可去晏子对以视国治乱

题解

晏子出使吴国，吴王问他，怎样的国家值得居留做官或应该离去。晏子认为，君子做官与否，要看这个国家政治是否清明，有没有积压的政事，有没有残暴的刑罚。这种观点在当时是有进步意义的。

原文

【一段】

晏子聘（诸侯之间互派使臣通问修好）于吴，吴王曰：“子（敬称，相当于“您”）大夫以君命辱（敬辞，相当于“屈尊”）在敝邑（bì yì，对自己国家的谦称）之地，施贶（kuàng，赏赐）寡人，寡人受贶矣。愿有私问焉。”

【二段】

晏子逡遁（qūn xún，欲进又止的样子。这里指晏子说话有所保留的谦恭之态。遁，通“巡”）而对曰：“婴，北方之贱臣也，得奉君命，以趋（小步快走，古人表恭敬的走路姿态）于末朝，恐辞令（应酬对答的言辞）不审（谨慎，慎重），讥于下吏（谦辞，下级官员），惧不知所以对者。”

译文

晏子出访吴国，吴王说：“大夫您奉齐国国君的命令屈尊来到敝国，对我施惠赏赐，我承受赏赐了。希望私下能向您请教些问题。”

晏子谦恭谨慎地说：“我晏婴只是北方一个地位低贱的小臣，奉君王的命令，来到贵国朝堂的一角行走，唯恐说话不慎重，被您下边的官吏讥笑，害怕不知该如何回答您。”

阅读指导

末朝：指对方的朝堂。这是晏子的一种自谦的说法，意思是自己不配在对方的朝堂之上，而只能在朝堂的末端边角。

【三段】

吴王曰："寡人闻夫子久矣，今乃得见，愿终其问（尽兴地向您请教）。"

吴王说："我听说先生的名字已经很久了，如今才得以相见，希望能尽兴地向您请教。"

【四段】

晏子避席（离开座席站起来，表示恭敬）对曰："敬受命矣。"

吴王曰："国如何则可处，如何则可去（离开）也？"

晏子离开座席回答道："我恭敬地听从您的吩咐。"

吴王说："国家在什么情况下可以居留，在什么情况下可以离开？"

阅读指导

避席：古人习惯席地而坐（宋以后才普及使用椅子），离席起立，表示对他人的敬意，是一种非常礼貌的行为。历史上有"曾子避席"这一著名典故。

【五段】

晏子对曰："婴闻之，亲疏得处其伦，大臣得尽其忠，民无怨（yùn，通"蕴"，郁结，纠结）治，国无虐刑，则可处矣。是以君子怀不逆之君（不违背道义的君王），居治国（安定的国家）之位（官位，职位）。亲疏不得居其伦，大臣不得尽其忠，民多怨治，国有虐刑，则可去矣。是以君子不怀（贪恋）暴君之禄，不处乱国之位。"

晏子回答说："我听说，人们的亲疏远近都能保持应有的伦理关系，大臣们能对君王竭尽忠心，百姓中没有纠结难理的事务，国家没有暴虐的刑罚，那么这样的国家就值得居留。因此君子向往不违背道义的君王，在安定的国家做官任职。亲近的人与疏远的人不能保持应有的伦理关系，大臣不能对君王竭尽忠心，百姓有许多纠结难理的事务，国家有暴虐的刑罚，这样的国家就应该离开了。因此君子不贪恋残暴君王的俸禄，不在混乱的国家做官。"

吴王问保威强不失之道 晏子对以先民后身

题解

针对吴王内政不修却热衷称霸的野心，晏子指出，要想保持国家威武强盛必须多替百姓着想，少想自己；多赏赐，少惩罚；不以强大欺负弱小，不准官吏抢夺民财，保持政治清明、社会和谐。但是吴王听不进去这些逆耳忠言，晏子只好回避他。

原文

【一段】

晏子聘（指国与国之间互派使者访问）于吴，吴王曰："敢问长保威强勿失之道若何？"

【二段】

晏子对曰："先民而后身，先施（赏赐，施恩惠）而后诛（刑罚）；强不暴（损害）弱，贵不凌贱，富不傲贫；百姓（此指各个姓氏家族）并进，有司（主管某一事务的部门或官吏）不侵，民和政平；不以威强退人之君（压制别国的君王。退，压制），不以众强兼人之地。其用法（实施法令），为时（时世，社会）禁暴，故世不逆其志；其用兵，为众屏（bǐng，排除，消除）患，故民不疾（怨恨）其劳（兵役，徭役）。

译文

晏子出访吴国，吴王问："请问长久保持国家威武强盛而不会丧失这种局面的方法是怎样的？"

晏子回答说："把民众的事情放在前面，把自己的事情放在后面，把赏赐的事情放在前面，把惩罚的事情放在后面；强大的不欺凌弱小的，高贵的不欺凌低贱的，富裕的不傲视贫穷的；各家各族共同发展兴旺，官吏不侵犯民众，民众和睦，政治清平；不以威势之强压制别国的君王，不以人多势众去兼并别国的土地。君王实施法律是为社会禁止暴乱，所以世人不会违背他的意志；国家使用武力是为了替众人消除祸患，所以民众不怨恨服这样的徭役。

此长保威强勿失之道也，失此者危矣！”

这就是长久保持威武强盛而不失去这种局面的方法，不这样国家就危险了！”

【三段】

吴王忿然作色（改变脸色），不说（同“悦”）。

吴王愤怒地变了脸色，心中很不高兴。

晏子曰：“寡君（对自己国家君王的谦称）之事毕矣，婴无斧锧（zhì，刑具，砍头时用的铁砧板）之罪，请辞而行。”遂不复见。

晏子说：“我的国君交代给我的事情已经办完了，我总算没有犯下砍头的罪，请让我告辞回国吧。”于是不再与吴王见面。

鲁昭公问安国众民 晏子对以事大养小谨听节敛

题解

鲁昭公问如何使国家安定并增加人口，晏子针对鲁国国家弱、人口少的实际情况，提出了让国家安定、人口增加的办法，那就是侍奉大国，帮助小国，谨慎地处理诉讼，有节制地征收赋税。

原文

【一段】

晏子聘于鲁，鲁昭公问曰："子大夫俨然(庄重的样子。俨，yǎn)辱(谦辞，屈尊)临敝邑(对别国人谦称自己的国家)，窃(谦辞，私下)甚嘉(美，荣幸)之，寡人受贶(kuàng，赏赐)，请问安国众民(使民众增加)如何？"

【二段】

晏子对曰："婴闻傲大贱小则国危，慢(怠慢)听(诉讼)厚敛则民散。事大养小，安国之器(手段，措施)也；谨听节敛(节制敛财，指赋税收取适度)，众民之术(办法)也。"

译文

晏子访问鲁国，鲁昭公问道："先生您庄重地屈尊光临我国，我私下里感到非常荣幸，我接受了您的恩赐，请问使国家安定、民众增加的办法是什么？"

晏子回答说："我听说对大国傲慢，对小国轻视，国家就危险；诉讼怠慢，税赋沉重，民心就涣散。侍奉大国，帮助小国，这是使国家安定的措施；处理诉讼谨慎，征收税赋有节制，这是使人口增加的办法。"

晋叔向问齐国若何 晏子对以齐德衰民归田氏

题解

晏子出使晋国，从他和晋国大夫叔向的交谈中，我们可以得知，齐国公室只知享乐，搜刮民财，致使财粮腐烂生虫，老百姓却遭冻饿之苦。齐国国君抛弃了百姓，陈氏却趁机收买人心。晏子见到陈氏争取民心的活动很有成效，多次告诫景公，然而平庸的齐景公无力改变这种趋势。齐康公十四年（前391），田和把齐康公迁到海上。五年后，田和自立为齐侯。田氏取代了姜姓齐国，在形式上也取得了合法地位。晋国也没有逃脱灭亡的命运，赵、魏、韩三家大夫联合攻打知氏，将知氏的首领知伯瑶活捉并杀死。周威烈王二十三年（前403），周室承认韩、赵、魏三家为诸侯，战国时期七雄的局面正式形成。

原文

【一段】

晏子使于晋，叔向（姬姓，羊舌氏，名肸〈xī〉，字叔向，晋国大夫）从之宴（陪同饮宴），相与语。

【二段】

叔向曰："齐其何如？"

晏子对曰："此季世（末世，衰微之世）也，吾弗知，齐其（大概）为田氏（指田无宇，齐国大臣）乎！"

译文

晏子出使晋国，晋大夫叔向陪同他饮宴，双方互相谈话。

叔向问："齐国的情况怎么样？"

晏子回答说："齐国已经到了末世，我不知道将来会怎么样，齐国大概会成为田氏家族的吧！"

田无宇，又称陈桓子、田桓子，齐国大夫。其先人陈完，原为陈国公子，陈国内乱之时他出奔到齐国，改姓田，被齐桓公任为卿，此后其势力渐强。到田无宇时，他以大斗出贷、小斗收进的办法，收买人心。后来其后代弑齐君夺取齐国王位，史称“田氏代齐”。

【三段】

叔向曰：“何谓也？”

叔向问：“为什么这么说？”

【四段】

晏子曰：“公弃其民，而归于田氏。齐旧四量（四种量器）：豆、区、釜、钟（四升为一豆，四豆为一区，四区为一釜，十釜为一钟。区，ōu；釜，fǔ），四升为豆，各自其四，以登（加）于釜，釜十则钟。田氏三量，皆登一焉（指这些都比齐国的量器增加一，变为五升为一豆，五豆为一区，五区为一釜），钟乃巨矣（钟的量就很大了）。以家量贷（用私家的度量衡借粮给百姓），以公量（指齐国通行的四进位量器）收之。山木如市（运到市场上。如，到），弗加于山（指价钱不比在山上买贵。加，指价值贵出）；鱼盐蜃蛤（shèn gé，大蛤蜊），弗加于海（指价钱不比在海边买贵）。民参（sān，同“三”）其力，二入

晏子说：“景公抛弃了他的百姓，民众因而归附于田氏了。齐国原有四种量器：豆、区、釜、钟，四升为一豆，每级以四倍升上一级，一直升到釜，釜则十倍为一钟。而田氏用的豆、区、釜三种量器，都在齐国量器的基础上增加一倍，钟的容量就很大了。田氏以私家的大量器贷给民众，以公家的小量器收还。山上的木料运到市场上，价钱不比在山上买贵；鱼、盐、大蛤蜊运到市场上，价钱也不比在海边买贵。如果把民众付出的劳力分为三份，两份

于公，而衣食其一；公积朽蠹（dù，虫蛀），而老少冻馁（něi，挨饿）；国（国都）之都市，屦（jù，鞋子）贱而踊（yǒng，专为受刖刑的人做的假肢）贵；民人痛疾，或（有的人）燠休（yù xǔ，抚慰病痛的声音）之。昔者殷人（商代人，指商纣王）诛杀不当，僇（通“戮”，lù，杀戮）民无时（不分时候，任意）；文王慈惠殷众（把仁慈给予殷纣的百姓），收恤无主（无家可归的人），是故天下归之。民无私（偏私）与（赞同，引申为亲近），维德之授（只归附施行德政的人。授，归附）。今公室（王室成员）骄暴，而田氏慈惠，其爱之如父母，而归之如流水，欲无获民，将焉避之？箕伯、直柄、虞遂、伯戏（皆为舜的后代，田氏的先人），其相（“祖”字之误）胡公（陈国的始祖）太姬（胡公的妃子），已在齐矣。”

归于国君，而用在自家的衣食只占一份；国君的仓库里积藏的钱粮朽坏虫蠹，而民众中老幼却受冻挨饿；国都的集市上，正常人的鞋价格低而受刖刑的人的假肢价格却昂贵；民众有痛苦疾病，田氏则对他们加以抚慰。从前商纣王诛杀无罪之人，任意残害民众；而周文王慈爱惠民，接收抚慰无家可归的人，因此天下人都归附他。百姓不会偏爱某个人，他们只会归附施行德政的人。如今公室骄横残暴，而田氏慈爱惠民，就像父母爱护子女一样，而民众归附他就像流水归入大海一样，想让他无法得到百姓的拥护，却怎么能避开民心的归向呢？箕伯、直柄、虞遂、伯戏这些田氏家族的远祖，以及陈国的开国始祖胡公、太姬，他们的神灵已经在齐国了。”

阅读指导

田氏三量，皆登一焉，钟乃巨矣：田氏私家的量具豆、区、釜，都比齐国的公量加一个进位，即私量的一豆由公量的四升加为五升，私量的一区由公量的四豆加为五豆（即二十升），私量的一釜由公量的四区加为五区（即八十升），而由釜到钟仍然十进位。这样一钟就等于八百升，要比公量的一钟多出一百六十升，故文中说“钟乃巨矣”。

已在齐矣：意为文中所说的那些陈氏家族的列祖列宗的神灵，已经来到了齐国，准备接受齐国的宗庙祭祀。齐国是姜太公的封国，其宗庙之主本是姜姓，改为陈氏，说明陈氏取代姜姓而拥有齐国。

【五段】

叔向曰："虽吾公室，亦季世也。戎马(拉车的战马)不驾，卿无军行(公卿大夫没有军队。行，háng)，公乘(诸侯的战车。乘，shèng)无人(指护卫兵车的武士)，卒列无长(士兵列队没有军官指挥)。庶民罢弊(百姓疲乏，民生凋零。罢，pí，疲)，宫室滋侈；道殣(jìn，饿死的人)相望，而女(君王宠爱的姬妾)富溢(满)尤(甚，特别)。民闻公命，如逃寇雠(kòu chóu，贼寇，仇敌)。栾、郤、胥、原、狐、续、庆、伯(均为晋的功臣后裔。郤，xì)，降在皂隶(低贱的吏役)。政在家门(指大权旁落，权力掌握在臣子手中。家门，指大夫)，民无所依；而君日不悛(quān，悔改)，以乐慆(tāo，通"韬"，隐藏)忧。公室之卑，其何日之有！谗鼎(刻有铭文警示谗言的鼎)之铭曰：'昧旦(清晨)丕显(大明。指盛大光明的事业)，后世犹怠(懈怠)。'况日不悛，其竜(néng，能)久乎！"

叔向说："即使我们晋国还是公室，也是到了末世了。战马不拉战车，公卿手下没有军队，诸侯的战车上没有武士，士兵列队中没有长官指挥。百姓疲乏，民生凋零，而宫室修建得更加奢华；道路上饿死的人随处可见，而受君王宠幸的女子却是财富特别丰足。民众听到君王的命令，就像遇到贼寇一样逃避；栾、郤、胥、原、狐、续、庆、伯这些功臣的后代，已经沦落为低贱的差役。国家政事都掌握在大夫私家手中，民众没有依靠；可是君王毫不悔改，用享乐来隐藏忧患。公室如此卑微，还能有多少时日！警示谗言的鼎铭文上说：'黎明即起勤于大业，后世子孙仍在懈怠。'何况君王一直不肯悔改，他的君位还能保持长久吗？"

【六段】

晏子曰："然则子将若何？"

晏子说："既然如此，那么您打算怎么办？"

【七段】

叔向曰："人事毕矣，待天而已矣！晋之公族尽矣。肸(xī，叔向)闻之，公室将卑，其宗族枝叶先落，则公从之。肸之宗十一族(出自同一祖先的家族有十一支。宗，同祖为宗)，维羊舌氏在而已，肸又无子，公室无度(法度)，幸而得死，岂其获祀焉。"

叔向说："人所能做的事已经完结了，只好等待上天的安排了！晋国的公族已走到尽头了。我听说，公室将要卑微，它的宗族旁支就像树的枝叶一样先枯落，然后公室随之凋零。我的宗族有十一支，只有羊舌氏一支存在罢了，我又没有儿子，公室没有了法度，我有幸能够善终就可以了，哪还敢奢望得到后代的祭祀呢！"

叔向问齐德衰子若何晏子对以进不失忠退不失行

题解

本篇表明了晏子对侍奉明君与惰君的不同态度。总的原则是：做官不失去忠诚，隐退不失去操守，不牟取私利，不苟且求荣。这些思想完全可以作为激励后世积极奋进的人生态度。

原文

【一段】

叔向问晏子曰："齐国之德衰矣，今子何若？"

【二段】

晏子对曰："婴闻事明君者，竭心力以没其身，行不逮（能力达不到。逮，dài，及）则退，不以诬（欺骗）持禄；事惰君者，优游（指从容不迫地从事某事）其身以没其世，力不能则去，不以谀（阿谀奉承）持危。且婴闻君子之事君也，进不失忠，退不失行。不苟合（指无原则地迎合君王）以隐忠，可谓不失忠；不持利以伤廉，可谓不失行。"

译文

叔向问晏子道："齐国的道德已经衰败了，现在您打算怎么办？"

晏子回答说："我听说侍奉贤明的君王，应尽心尽力一直到死，能力不胜任就退隐，不靠欺骗来保住自己的俸禄；侍奉懈怠昏庸的君王，就悠闲自守终其一身，能力不胜任就辞官，不靠阿谀奉承来保住危险的地位。况且我听说君子侍奉君王，进身为官不失去忠心，辞官隐退不失去德行。不会无原则地附和君王而隐没自己的忠诚，这就叫作不失去忠诚；不为牟取私利而损害廉洁的品德，这就叫作不丧失德行。"

【三段】

叔向曰："善哉！《诗》有之曰：'进退维谷（进和退都行不通。维，是。谷，困境）。'其此之谓欤（大概说的就是这种情况吧。其，大概。欤，yú，语气词）！"

叔向说："您说得好呀！《诗经》上说：'进退维谷。'大概指的就是这种情况吧！"

阅读指导

进退维谷：语出《诗经·大雅·桑柔》："人亦有言，进退维谷。"意思是进退两难。谷，穷，比喻困境。还有一种解释，谷，通"穀"，善。

叔向，姬姓，羊舌氏，名肸（xī），字叔向。他出身晋国公族，侍奉了晋悼公、晋平公、晋昭公三世，为晋平公傅、上大夫，是春秋时期晋国的政治家、外交家。叔向和晏婴、子产是同时代人，他不曾担任执晋国国政的六卿，但以正直和才识著称于世。公元前 546 年，叔向代表晋国与楚国达成了弭兵会盟，缓和了当时的形势。

叔向问处乱世其行正曲晏子对以民为本

题解

晏子认为，在世道混乱、君王邪僻的时候，做臣子的即使地位低下也不能失掉尊严，处境不好也不能失掉正直的本性，并且要把人民当作根本。这种民本思想在当时确实难能可贵。

原文

【一段】

叔向问晏子曰："世乱不遵道，上辟(通"僻"，邪僻)不用义。正行(行为端正)则民遗(失掉，丢掉)，曲行(行为邪僻)则道废。正行而遗民乎？与(还是。连接助词)持民(保民)而遗道乎？此二者之于行，何如？"

【二段】

晏子对曰："婴闻之，卑而不失尊，曲(处境不好)而不失正者，以民为本也。苟(如果)持民矣，安(怎么)有遗道？苟遗民矣，安有正行焉？"

译文

叔向问晏子道："世道混乱违背了正常规律，君王邪僻不按照道义行事。在这种情况下，如果行为端正就会失去百姓，如果行为邪僻就会失去道义。是要坚持行为端正而失去百姓，还是要保住百姓而丢掉道义呢？这两者之间，该怎样选择呢？"

晏子回答说："我听说，地位低下但不失掉尊严，处境不好但不失掉正直的本性，这就在于把人民当作根本。如果保住了人民，又怎么能失去原则呢？如果失掉了人民，又怎么能有正直的行为呢？"

叔向问意孰为高行孰为厚晏子对以爱民乐民

题解

叔向向晏子请教德行与行为的问题。晏子认为，爱护百姓是最高尚的德行，让人民幸福快乐是最淳厚的行为。这是晏子民本思想的具体体现。

原文

【一段】

叔向问晏子曰："意(指德行)孰为高？行(行为)孰为厚(淳厚)？"

对曰："意莫高于爱民，行莫厚于乐民(让百姓快乐)。"

【二段】

又问曰："意孰为下？行孰为贱？"

对曰："意莫下于刻(苛刻)民，行莫贱于害身("民"字之误)也。"

译文

叔向问晏子道："哪种德行才是最高尚的？哪种行为才是最淳厚的？"

晏子回答说："没有比爱护百姓更崇高的德行了，没有比让百姓快乐更淳厚的行为了。"

叔向又问："哪种德行是最卑下的？哪种行为是最低贱的？"

晏子回答说："没有比苛刻地对待百姓更卑下的了，也没有比危害百姓的品行更低贱的了。"

叔向问啬吝爱之于行何如
晏子对以啬者君子之道

题解

本篇中，晏子根据自己的理解对啬、吝、爱的品行做了解释，对于君子的处事、修身之道从理财的方式上给予了评价，他认为富裕时能将钱财分散给穷人，贫困时能节衣缩食而不向别人借贷，这才是君子之道。

原文

【一段】

叔向问晏子曰：“啬(sè)、吝(lìn)、爱之于行何如？”

【二段】

晏子对曰：“啬者，君子之道；吝、爱者，小人之行也。”

叔向曰：“何谓也？”

【三段】

晏子曰：“称(衡量)财多寡而节用之，富无金藏(富裕之后把多余的钱财分散给穷人)，贫不假贷(贫穷也不借贷。假，借)，谓之啬；积多不能分人，而厚自养，谓之吝；不能分人，又不能自养，谓之爱。故夫啬者，君子之道；吝、爱者，小人之行也。”

译文

叔向问晏子道：“啬、吝、爱在品行上有什么表现？”

晏子回答说：“啬，是君子的准则，吝和爱，是小人的品行。”

叔向问：“为什么这么说？”

晏子说：“衡量钱财的多少而节俭地使用，富裕了就把钱财分给贫穷的人，不存储大量金钱，贫困了就节衣缩食，不向别人借贷，这叫作啬；积攒了很多金钱，却不分给贫穷的人，而优厚地供养自己，这叫作吝；不愿把钱财分给贫穷的人，又舍不得供养自己，这叫作爱。所以说，啬，是君子的准则；吝和爱，是小人的品行。”

叔向问人何若则荣 晏子对以事君亲忠孝

题解

本篇中，晏子提出了荣耀的标准：对长辈孝顺，对君王忠诚，对兄弟和睦，对朋友诚信；言语适当，行为中正；不隐瞒过错，不贪求利益。这是一种对道德修养的积极态度。

原文

【一段】

叔向问晏子曰："何若则可谓荣矣？"

【二段】

晏子对曰："事亲孝，无悔往行；事君忠，无悔往辞（对说过的话不后悔）。和于兄弟，信于朋友。不谄（tāo，隐瞒）过（过失），不责（求，索取）得。言不相坐（对质。这里指矛盾），行不相反。在上治民，足以尊君；在下莅修（主持教化。莅，lì，临，监管。修，教化），足以变人。身无所咎（jiù，责怪），行无所创（chuāng，伤，缺失）。可谓荣矣。"

译文

叔向问晏子道："人怎样做才可以称为荣耀？"

晏子回答道："侍奉父母孝顺，对过去的行为没有感到后悔的；侍奉君王忠诚，对以往的言辞没有什么可后悔的。与兄弟和睦，对朋友诚信。不隐瞒过错，不贪求利益。言语不自相矛盾，行为不前后相反。高居上位管理百姓，足以使君王受到尊崇；身居下位主持教化，足以使百姓向善。为人没有什么可指责的，行为没有什么缺失。这样就可以称为荣耀了。"

叔向问人何以则可保身晏子对以不要幸

题解

叔向向晏子请教如何保全自身。晏子认为，侍奉君王若能做到荣宠不惊，淡泊名利，便可明哲保身，全身而退。

原文

【一段】

叔向问晏子曰：“人何以则可谓保其身(保全自身)？”

【二段】

晏子对曰：“《诗》曰：‘既明(明白事理)且哲(洞察世事)，以保其身；夙(sù，早)夜匪(通“非”，不)懈，以事一人(指君王)。’不庶几(希望。这里指非分之想)，不要(yāo，求)幸(宠爱)，先其难乎而后幸得之，得之时(通“是”，此)其所也，失之非其罪也，可谓保其身矣。”

译文

叔向问晏子道：“人要怎样做才能保全自身？”

晏子回答说：“《诗经》中说：‘既明白事理又洞察世事，以此来保全自身；从早到晚不懈怠，以此来侍奉君王。’不抱非分之想，不求得到君王的偏爱，先为君王分忧然后才得到宠爱，能得到就是他应得的，失去了也不是他的过错，这样就可以称得上保全自身了。”

梁丘据问子事三君不同心 晏子对以一心可以事百君

题解

晏子先后辅佐过齐灵公、齐庄公、齐景公三位君王，梁丘据以此嘲讽晏子多心。晏子面对梁丘据挑衅般的提问，严肃地指出，一心一意侍奉百位君王都没有问题，三心二意侍奉一位君王也会有问题。

原文

【一段】

梁丘据（齐国大夫）问晏子曰："子事三君（指齐灵公、齐庄公、齐景公），君不同心（指各个国君都有自己的想法），而子俱顺焉，仁人固（本来）多心乎？"

【二段】

晏子对曰："婴闻之，顺爱不懈（温顺仁爱不懈怠），可以使百姓；强暴不忠，不可以使一人。一心可以事百君，三心（三心二意）不可以事一君。"

【三段】

仲尼（孔子）闻之曰："小子（长辈称晚辈或老师称学生）识（zhì，记住）之，晏子以一心事百君者也！"

译文

梁丘据问晏子："您侍奉了三位君王，君王们各有各的心意，可您都很能顺应他们，仁德之人的心本来就多吗？"

晏子回答道："我听说，温顺仁爱不懈怠，就可以役使百家千族；强横暴虐不忠诚，一个人也役使不了。一心一意可以侍奉百位君王，三心二意连一位君王也侍奉不好。"

孔子听了以后说："弟子们，记住这些话，晏子是用一心来侍奉百位君王的人呀！"

卷五　内篇杂上第五

庄公不说晏子 晏子坐地讼公而归

题解

本篇中，晏子面对齐庄公的无理行为敢于直言争辩。他指出，作为君王依仗人多势众不顾礼仪，厌恶贤者，灾祸必然会降临。晏子的话果然应验，后来庄公被崔杼所杀。

原文

【一段】

晏子臣（当臣子）于庄公，公不说（通“悦”，喜欢），饮酒，令召晏子。晏子至，入门，公令乐人奏，歌曰：“已哉（相当于“算了吧”。已，止）已哉！寡人不能说也，尔（你）何来为？”晏子入坐，乐人三奏，然后知其谓己也。遂起，北面坐地（面朝北坐在地上。庄公是国君，面南而坐；晏子是臣子，面北而坐）。

【二段】

公曰：“夫子从席，曷（hé，何）为坐地？”

译文

晏子做齐庄公的臣子，庄公不喜欢他，庄公饮酒时，下令召晏子来。晏子到来，刚进门，庄公就命令乐人奏乐唱歌，歌词是：“算了吧算了吧！我不喜欢你，你来做什么呢？”晏子到席边坐下，乐工演奏了三遍，晏子这才知道歌中唱的是自己。晏子于是站起身，面向北而坐到地上。

庄公问：“先生陪我就席，为什么坐在地上？”

【三段】

晏子对曰："婴闻讼夫（打官司的人。讼，争辩，争论）坐地，今婴将与君讼，敢毋坐地乎？婴闻之，众而无义、强而无礼、好勇而恶贤者，祸必及其身，若公者之谓矣。且婴言不用，愿（希望）请身去（离开）。"

晏子回答说："我听说打官司的人就要坐在地上，如今我要与您打官司，敢不坐在地上吗？我听说，拥有众人却没有道义，势力强大却没有礼仪，喜好勇猛却厌恶贤能的人，灾祸必然降临他身上，这说的就是像您这样的人。既然我的话不被采纳，我请求辞官离去。"

阅读指导

愿请身去：希望辞官离开朝廷。古代臣子做大官，属于委身于君，辞官时等于把自己的身体收回来，所以说"愿请身去"。

【四段】

遂趋而归（弓着身子快步走出），管籥（钥匙。籥，yuè）其家者纳之公，财在外者斥（排斥，遣散）之市。曰："君子有力于民，则进爵禄，不辞富贵；无力于民而旅食（跟庶人吃一样的饭食。旅，众），不恶贫贱。"遂徒行而东（步行向东方而去），耕于海滨。居数年，果有崔杼之难（指齐庄公的臣子崔杼弑庄公立景公之事。杼，zhù）。

晏子于是快步回到家中，将家中库房的钱财全部交给庄公，将外面的财产全部遣散到集市上，说："君子能为民众办事就加官晋爵，不拒绝富贵；不能为百姓办事就和老百姓吃一样的饭，不厌恶贫贱。"于是徒步向东而行，在海滨从事农耕。过了几年，齐国果然发生了崔杼弑庄公的祸乱。

庄公不用晏子晏子致邑而退后有崔氏之祸

题解

本文先记述了晏子被齐庄公收回官爵和食邑后的态度，接着通过与身边人的对话，表明了对君王被弑后所表现出的复杂心情，最后又通过与崔杼义正词严的对话，表明了自己的坚定立场。

原文

【一段】

晏子为庄公臣，言大用（指晏子的建议每每被庄公采用），每朝，赐爵益（增加）邑（yì，食邑，封地）；俄而（不久）不用，每朝，致（归还，收回）邑与爵。爵邑尽，退朝而乘，喟然（同“喟然”，叹气的样子。喟，kuì，同“喟”）而叹，终而笑。其仆（赶车的人）曰：“何叹笑相从数（cù，密，紧）也？”晏子曰：“吾叹也，哀吾君不免于难；吾笑也，喜吾自得（保全自己）也，吾亦无死矣。”

【二段】

崔杼（zhù）果弑（shì，臣杀君）庄公。晏子立崔杼之门，从者曰：“死（指殉死）乎？”晏子曰：“独吾君也乎哉（难道只是我一个人的君王吗）？吾死也（我为什么要殉死）？”曰：“行（出逃）乎？”曰：“独吾罪

译文

晏子做了齐庄公的臣子，初期他的意见多被采纳，每逢朝见的时候，庄公都赐予他爵位，增加他的食邑；过了不久，他的意见不被采纳了，每逢朝见的时候，庄公就收回一些食邑和爵位。爵位和食邑被收完了，晏子上朝后乘车回家，长吁短叹，叹气之后又笑了。他的车夫问：“您为什么叹气之后紧跟着又发笑呢？”晏子说：“我叹气，是哀叹我们君王不能免于灾祸；我发笑，是高兴我能保全自身，我也不会因此而死了。”

崔杼果然杀死了庄公。晏子站在崔杼家门前，随从问：“您要为君王殉死吗？”晏子说：“难道只是我一个人的君王吗？我为什么要殉死呢？”随从又问：“您要逃亡国外吗？”晏子说：“难道偏偏就是我的罪

也乎哉？吾亡也？”曰：“归乎？”曰：“吾君死，安归？君民（给人民当君王）者，岂以陵（侵犯，欺侮）民，社稷（国家）是主；臣君者，岂为其口实（俸禄），社稷是养。故君为社稷死，则死之（为他而死）；为社稷亡（逃亡），则亡之。若君为己死而为己亡，非其私昵（指受宠爱的人），孰能任（承担）之（死或逃亡）？且人（指崔杼）有君而弑之，吾焉得死之？而焉得亡之？将庸（岂，难道。此处用以加强反问语气）何（哪里）归？”

过吗？我为什么要逃亡国外呢？”随从继续问：“您要回去吗？”晏子说：“我们的君王死了，我能回到哪里去呢？作为百姓的君王，岂能欺凌百姓，他应当主持国政；作为君王的臣子，岂能只是为了俸禄，而应当造福国家。所以君王如果是为了国家而死，那么臣子就要为君王殉死；君王如果是为了国家流亡国外，那么臣子就要为君王流亡国外。如果君王是为了自己的私事而死，或者是为了自己的私事而逃亡，除非是他宠爱的人，谁能跟他一起承担呢？况且别人有了国君还要杀掉他，我怎么能为君王殉死呢？又怎么能为君王逃亡呢？我将回到哪里去呢？”

【三段】

门启而入，崔子曰：“子何不死？子何不死？”

门开了，晏子走了进去，崔杼说：“您为什么不殉死？您为什么不殉死？”

【四段】

晏子曰：“祸始，吾不在也；祸终，吾不知也，吾何为死？且吾闻之，以亡为行者，不足以存君；以死为义者，不足以立功。婴岂其婢子（婢女，侍女）也哉？其缢（yì，上吊）而从之也？”

晏子说：“祸患发生的时候我不在场，祸患结束的时候我不知情，我为什么要殉死？况且我听说，把逃亡国外当作好品行的人，不足以保住君王；把殉死当作道义的人，不足以建立功勋。我难道是婢女吗？我怎么能自缢追随去死呢？”

【五段】

遂袒（tǎn，指露出胳膊）免（指摘掉帽子），坐，枕君尸而哭，兴（起身），三踊（yǒng，跳跃。这里指顿足）而出。人谓崔子必杀之，崔子曰：“民之望（瞻仰，景仰）也，舍之，得民。”

晏子于是露出胳膊，摘掉帽子，坐下，伏在庄公的尸体上痛哭，然后站了起来，跺了几脚就出去了。有人劝崔杼一定要杀死晏子，崔杼说：“他是百姓敬仰的人，放了他，能赢得民心。”

阅读指导

袒免：指袒衣免冠。古代丧礼，凡五服以外的远亲，无丧服之制，唯袒衣免冠，以示哀思。

崔庆劫齐将军大夫盟晏子不与

题解

面对崔杼蛮横的劫持、数人被杀的血腥场面，晏子选择了宁死不屈，他大义凛然，斥责崔杼的无道行径，对于崔杼的威逼利诱，不为所动。他认为如果屈服崔杼，那么就会成为崔杼的帮凶，最终也会横尸街头。因为崔杼的行为不符合道义，虽然暂时成功了，但终将失败。

原文

【一段】

崔杼既弑(shì，臣杀君)庄公而立景公，杼与庆封(齐国大夫)相(为相)之，劫(胁迫)诸将军大夫及显士庶人于太宫(太庙，王室祭祖的地方)之坎(坑)上，令无得不盟者。为坛三仞(rèn，七尺或八尺为一仞)，坎(挖坑)其下，以甲(身穿铠甲的武士)千列(二十五人为一列)环其内外，盟者皆脱剑而入。维(只，仅)晏子不肯，崔杼许之。有敢不盟者，戟钩其颈，剑承(指着)其心，令自盟曰："不与(归附)崔、庆而与公室(跟随王室)者，受其不祥(指遭到杀戮)！"言不疾(快)、指不至血(手指咬不出血)者死，所杀七人。

译文

崔杼杀死了庄公后立景公为国君，他和庆封自封为丞相辅佐景公，他们胁迫那些将军、大夫及有名望的人、老百姓到太庙的祭坑旁，下令不准任何人不参加盟誓。筑起三仞高的祭坛，在坛下挖了坑，派上千名身穿铠甲的武士环绕在坑穴外，参加盟誓的人都必须解下佩剑才能进入。只有晏子不肯摘下佩剑，崔杼应允了。有胆敢不参加盟誓的人，就用戟钩住他的头颈，用剑抵着他的胸口，下令他盟誓道："如果不归附崔杼和庆封而扶助公室，将要遭殃！"凡是话说吞吞吐吐、手指咬不出血的立刻杀死，被杀死的有七个人了。

阅读指导

指不至血：古代盟誓时，盟誓者要咬破手指，将血滴于酒中，接着饮血酒，以示庄重，称为"歃（shà）血为盟"。

庆封（？—前538），春秋时齐国大夫。字子家，又字季，庆克之子。公元前548年，崔杼杀齐庄公，拥立景公，崔杼和他分任右相、左相，曾欲杀不肯归附的晏婴。齐景公二年（前546）趁崔氏内乱，庆封灭崔氏而在齐国执政。公元前545年，鲍氏、高氏、栾氏攻灭庆氏，庆封逃到吴国。后来楚灵王攻打吴国，擒获庆封，将其杀死。

【二段】

次及晏子，晏子奉（通"捧"）杯血，仰天叹曰："呜呼！崔子为无道，而弑其君，不与公室而与崔、庆者，受此不祥！"俯（低头）而饮血。

下一个轮到晏子盟誓，晏子手捧着盛着血酒的酒杯，仰天长叹道："啊！崔杼做不合道义的事，杀死自己的君王，我如果不归附公室而归附崔杼和庆封，就会遭殃！"说完低头喝下血酒。

【三段】

崔子谓晏子曰："子变子言（你改变你所说的话），则齐国吾与子共之；子不变子言，戟既（已经）在脰（dòu，颈），剑既在心，维子图（考虑）之也！"

崔杼对晏子说："你要是改变你所说的话，那么我就和你共同掌管齐国；你要是不改变你所说的话，戟已经在你的脖子上，剑已经在你的胸口了，你自己好好想想吧！"

【四段】

晏子曰："劫吾以刃，而失其志，非勇也；回（违背）吾以利，而倍（通"背"，违背，背叛）其君，非义也。崔子，子独不为夫《诗》乎？《诗》云：'莫莫（茂盛的样子）葛藟（lěi，青藤），施（yì，延伸）于条枚（树枝和树干）；恺悌（kǎi tì，和乐平易）

晏子说："你用利刃劫持我，而使我丧失意志，这不算勇武；你用利益诱惑我改变自己的主张，让我背叛君王，这更不符合道义。崔杼，你难道没读过《诗经》吗？《诗经》上说：'茂盛的葛藟藤，蔓延到了树干枝头；和乐平易的君子，

君子，求福不回（违背祖宗之道）。’今婴且可以回而求福乎？曲刃钩之，直兵（指剑）推之，婴不革（改变）矣。”

不靠违背正道求福。’如今我难道要违背正道来求福吗？弯曲的利刃钩住我的脖子，笔直的利剑刺进我的胸口，我也不改变心意。”

【五段】

崔杼将杀之，或（有人）曰：“不可！子以子之君无道而杀之，今其臣有道之士也，又从而杀之，不可以为教矣。”崔子遂舍之。晏子曰：“若大夫为大不仁（指弑君），而为小仁（指放了晏子），焉有中（不偏不倚，合适，正当）乎！”

崔杼想要杀了晏子，有人说：“不可以！您因为君王无道而杀死他，如今他的臣子是有道之士，您也杀死了他，这样就不可以教导别人了。”崔杼于是放了晏子。晏子说：“你这位大夫做了大不仁之事，又做了小仁之事，哪儿有什么正当！”

阅读指导

若大夫为大不仁，而为小仁：崔杼以臣弑君是大不仁，不杀晏子是小仁小义。这是说崔杼不顾大节而顾小节，是虚伪之仁。

【六段】

趋出，援绥（suí，登车时供人拉着用的绳子）而乘。其仆将驰，晏子抚其手曰：“徐（慢）之！疾不必生，徐不必死，鹿生于野，命县（同“悬”，悬挂，这里指掌握）于厨，婴命有系（掌握）矣！”按之成节（有节奏地走，意思是不慌不忙）而后去。《诗》云：“彼己之子，舍命不渝（改变，违背）。”晏子之谓也。

晏子快步走出，拉着车上的绳子上了车。他的仆人要驾车快跑，晏子按着车夫的手说：“慢一点！跑快不一定就能活命，慢慢走不一定会死，鹿生长在野外，性命却掌握在厨师手中，我的性命也掌握在别人手中啊！”于是驱车不慌不忙地离去。《诗经》上说：“他那个人呀，宁可丢掉性命也不改变。”这说的就是晏子吧。

晏子再治阿而见信景公任以国政

题解

晏子开始做阿宰时公正无私，依法行政，受到了众人的诋毁。再次出任阿宰时他趋炎附势、无所作为，却得到众人的一致赞许。晏子以自身的经历告诫君王，考察一个人，不能偏听偏信，要进行深入的调查研究，最终才能得出正确的结论。

原文

【一段】

景公使晏子为东阿（ē，齐邑名）宰（邑的长官），三年而毁（坏名声）闻于国（国都）。景公不说（通“悦”，高兴），召而免之。

【二段】

晏子谢（谢罪）曰：“婴知婴之过矣，请复治阿，三年而誉必闻于国。”

【三段】

景公不忍，复使治阿，三年而誉闻于国。景公说，召而赏之，辞而不受。景公问其故，对曰：“昔者婴之治阿也，筑蹊径（泛指道路），急门闾之政（抓紧对乡间事务的管理。门闾〈lǘ〉，乡里），而淫民（邪恶的人）恶之；举俭力孝弟

译文

齐景公派晏子到阿邑做邑宰，三年时间，晏子的坏名声就传遍了国都。景公很不高兴，召回晏子并且要罢免他。

晏子谢罪说：“我知道我的过错了，请允许我再去治理阿邑，三年之后好名声必定能传遍国都。”

景公不忍心罢免他，又派他去治理阿邑，三年之后，晏子的好名声果然传遍国都。景公很高兴，召回晏子要赏赐他，晏子推辞不肯接受。景公询问原因，晏子回答说：“当初我治理阿邑的时候，整修道路，抓紧对乡间事务的管理，于是邪恶的人厌恶我；举荐生活节俭、勤勉工作、孝

(tì，同“悌”，敬爱兄长)，罚偷窳(yǔ，指懒惰)，而惰民恶之；决狱不避贵强(权贵豪强)，而贵强恶之；左右所求，法则予，非法则否，而左右恶之；事贵人体不过礼(不超过礼仪的规定。体，体式，规格)，而贵人恶之。是以三邪(指淫民、惰民、贵强三类人)毁乎外，二谗(指上文提到的左右、贵人)毁于内，三年而毁闻乎君也。今臣谨更之，不筑蹊径，而缓门闾之政，而淫民说；不举俭力孝弟，不罚偷窳，而惰民说；决狱阿(ē，偏袒)贵强，而贵强说；左右所求言诺(应允，答应)，而左右说；事贵人体过礼，而贵人说。是以三邪誉乎外，二谗誉乎内，三年而誉闻于君也。昔者婴之所以当诛者宜赏，而今之所以当赏者宜诛，是故不敢受。”

顺父母、敬爱兄长的人，惩罚不守礼法、行为懒惰的人，因此懒惰的人厌恶我；判决诉讼不回避权贵豪强，因此权贵豪强厌恶我；对于国君近臣的要求，合理的就办，不合理的就不办，因此国君近臣厌恶我；接待地位显贵的人不超越礼制的规定，因此地位显贵的人厌恶我。所以这三种邪僻的人在外面诋毁我，有两种谗佞的人在宫内诋毁我，三年时间我的坏名声就传到您的耳朵里了。这次我谨慎地改变了原来的做法，不再修筑道路，放松对乡间事务的管理，于是邪恶之人高兴了；不举荐生活节俭、勤勉工作、孝顺父母、敬爱兄长的人，不惩罚不守礼法、好吃懒做的人，因此懒惰的人就高兴了；断案偏袒权贵豪强，因此权贵豪强就高兴了；国君的近臣有什么要求，全部答应，因此国君的近臣就高兴了；接待地位显贵的人超越礼制的规定，因此地位显贵的人就高兴了。所以这三种邪僻的人在外面称赞我，两种谗佞的人在宫内赞美我，三年时间我的好名声就传到您的耳朵里了。当初我受到责罚的那些事，其实应该得到奖赏，如今我受到奖赏的这些事，实际上应该受到责罚，所以我不敢接受赏赐。”

【四段】

景公知晏子贤，乃任以国政，三年而齐大兴。

景公了解到晏子的贤能，就把国家的政事交给他处理，三年后，齐国变得很强盛。

景公怜饥者晏子称治国之本以长其意

题解

不论齐景公如何昏庸，但仍有同情怜悯之心，这就是孟子说的“恻隐之心，人皆有之；羞恶之心，人皆有之；恭敬之心，人皆有之；是非之心，人皆有之”。晏子抓住齐景公稍纵即逝的善念，提出了国家的养老计划，使弱势群体得到了救助。

原文

【一段】

景公游于寿宫（齐国宫室之一），睹（dǔ，看见）长年（年老的人）负（背）薪（xīn，柴）者，而有饥色。公悲之，喟然（叹息的样子。喟，kuì）叹曰：“令吏养之！”

【二段】

晏子曰：“臣闻之，乐贤而哀不肖（不贤。此指弱者），守国之本也。今君爱老，而恩无所不逮（dài，及，到），治国之本也。”公笑，有喜色。晏子曰：“圣王见贤以乐贤，见不肖以哀不肖。今请求（寻找）老弱之不养、鳏（guān，老而无妻之人）寡之无室者，论而共（通“供”，供给）秩（本指官吏的俸禄，这里指国家提供的钱粮）焉。”公曰：“诺。”于是老弱有养，鳏寡有室。

译文

齐景公到寿宫游览，看见一个老人背着柴草，面带饥色。景公为之悲伤，长叹一声道：“让官吏供养他！”

晏子说：“我听说，崇尚贤德而怜悯弱者，是守住国家的根本。如今君王您爱护老人，您的恩惠无所不到，这就是治国的根本。”景公笑起来，面有喜色。晏子说：“圣明的君王见到贤人就喜欢贤人，见到弱者就怜悯弱者。如今请求您派人寻找那些年老体弱没有人供养、鳏寡孤独没有家庭的人，根据他们的不同情况给他们提供资助。”景公说：“好吧。”于是年老体弱的人有了供养，鳏寡孤独的人有了家室。

景公惭刖跪之辱不朝 晏子称直请赏之

题解

齐景公对自己披头散发带着妇人闲逛的行为很后悔，晏子乘机开导他，认为"下无直辞，上有隐恶；民多讳言，君有骄行"，贤明的君王是不怕正直之言的。于是景公欣然纳谏，重赏了拦住自己的守门人。

原文

【一段】

景公正昼（白天），被（同"披"）发，乘六马（驾着六匹马拉的车），御妇人以出正闺（宫中的正门），刖（yuè，古代砍掉脚的酷刑）跪（足。古代常用刖足者做门卫）击其马而反（同"返"）之，曰："尔非吾君也。"公惭而不朝。

译文

齐景公在大白天，披着头发，坐着六匹马驾的大车，载着女人出宫中的正门，断足的守门人拍打他的马让车子返回去，说："你这个样子不是我的国君。"景公感到羞愧而不上朝。

阅读指导

尔非吾君也：你这个样子不是我的国君。意指景公行为不端。古代制度，天子出行应该是一车四马，但是景公驾六马，是僭越的行为；而且披头散发，还带着女人，所以守门人说他不像君王。

【二段】

晏子睹裔款（景公的大臣）而问曰："君何故不朝？"对曰："昔者君正昼，被发，乘六马，御妇人以出正闺，刖跪击其马而反之，曰：'尔非吾君

晏子看见裔款就问道："君王为什么不上朝？"裔款回答说："先前君王在大白天，披散着头发，坐着六匹马驾的车，载着女人出宫中正门，断足守门人拍打着他的马让车子返回去，说：'你这个样子不是我的国君。'

也。'公惭而反，不果出，是以不朝。"

景公羞愧地返回，始终没再出门，所以就没上朝。"

【三段】

晏子入见。景公曰："昔者寡人有罪，被发，乘六马，以出正闺，刖跪击马而反之，曰：'尔非吾君也。'寡人以子大夫之赐，得率百姓以守宗庙（祖宗的神庙，代表朝廷、国家），今见（被）戮（d，受辱）于刖跪，以辱社稷，吾犹可以齐（并列）于诸侯乎？"

晏子入宫进见。景公说："当初是我不对，披散着头发，坐着六匹马驾的车出宫中正门，断足守门人拍打着马让车子返回去，说：'你这个样子不是我的国君。'我因有您的辅助，得以统领百姓并保有国家。如今被断足守门人羞辱，使社稷蒙羞，我还可以同各国诸侯平起平坐吗？"

【四段】

晏子对曰："君勿恶焉。臣闻下无直辞，上有隐恶；民多讳言，君有骄行。古者明君在上，下多直辞；君上好善，民无讳言。今君有失行（失礼的行为），刖跪直辞禁之，是君之福也，故臣来庆。请赏之，以明君之好善；礼之，以明君之受谏。"

晏子回答说："君王您不要对此感到羞耻。我听说在下的人如果没有正直的谏言，在上的人就有看不见的罪恶；百姓大多有不敢说的话，君王就会有骄纵的行为。古代的明君在位，下面就多有直率的言辞；君王喜欢从善，百姓就没有顾忌的话。如今您有失礼的行为，断足守门人就直言制止，这是您的福气呀，所以我前来庆贺。请您奖赏他，以显示君王喜欢从善；以礼待他，以表明君王您接受劝谏。"

【五段】

公笑曰："可乎？"

晏子曰："可。"

景公笑道："可以这样做吗？"

晏子说："可以。"

【六段】

于是令刖跪倍资（加倍给予赏赐）无征（不征收赋税），时朝（随时朝见）无事也。

于是命令对断足守门人加倍奖励，免征赋税，即使没事也可以随时朝见。

景公夜从晏子饮晏子称不敢与

题解

本篇记述了齐景公夜访三位大臣以及三位大臣的不同反应，文臣武将担心的是国内发生变故和军事入侵，而佞臣则投其所好。文章最后引用君子的一段话表明了文章主旨：圣贤的君王，有益友而无佞臣。

原文

【一段】

景公饮酒，夜移于晏子。前驱款(叩，敲)门曰："君至！"晏子被(同"披")玄端(黑色礼服。玄，黑色)，立于门曰："诸侯得微(副词，表示揣测，相当于"莫非")有故乎？国家得微有事乎？君何为非时而夜辱(屈尊)？"公曰："酒醴(lǐ，甜酒)之味、金石(泛指乐器)之声，愿与夫子乐之。"晏子对曰："夫布荐(草席)席、陈簠簋(fǔ guǐ，古代盛食物的器具)者，有人，臣不敢与(yù，参与)焉。"公曰："移于司马穰苴(齐国大夫。穰苴，ráng jū)之家。"

译文

齐景公饮酒，夜里转移到晏子家。先行的人上前敲门说："国君来了！"晏子披上礼服，站在门口说："莫非是各国诸侯有什么变故吗？莫非是国家出了什么大事吗？国君您为何不在正常时间而深夜里屈尊驾临呢？"景公说："有美味的甜酒、美妙的音乐，希望和先生共同享受。"晏子回答说："铺设筵席、摆放食具的事儿，自有专门的人，我不敢参与。"景公说："那就改到司马穰苴家里去。"

阅读指导

玄端：是祭祖、上朝等正式场合才穿的衣服，其色玄（黑），正幅（衣正幅为端），故名"玄端"。清朝时为避圣祖玄烨的讳，改为元端。

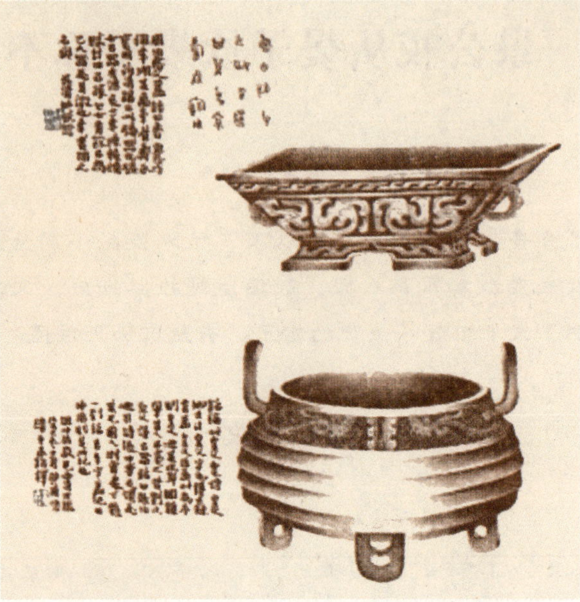

上图为簠，下图为簋，两种盛黍稷稻粱的礼器。

【二段】

前驱款门，曰："君至！"穰苴介胄（做动词用，披上铠甲，戴上头盔。胄，zhòu）操戟，立于门曰："诸侯得微有兵（战争）乎？大臣得微有叛者乎？君何为非时而夜辱？"公曰："酒醴之味、金石之声，愿与夫子乐之。"穰苴对曰："夫布荐席、陈簠簋者，有人，臣不敢与焉。"公曰："移于梁丘据（齐景公的宠臣）之家。"

先行的人上前敲门，说："国君来了！"司马穰苴身披铠甲戴着头盔拿着戟，站在门口说："莫非是各国诸侯发动战争了吗？莫非是国中大臣犯上作乱了吗？国君为何不在正常时间而深夜屈尊驾临呢？"景公说："有美味的甜酒、美妙的音乐，希望和将军共同享受。"司马穰苴回答说："铺设筵席、摆放食具的事儿，自有专门的人，下臣我不敢参与。"景公说："那就改到梁丘据家里去。"

司马穰苴，生卒年不详，春秋末期齐国人，是田完（陈完）的苗裔，齐田氏家族的支庶。齐景公时，晋伐阿、甄，而燕侵河上，大夫晏婴向齐景公推荐穰苴，景公即委任穰苴为将军，率兵去抵御燕、晋之师。因齐景公听信谗言，司马穰苴被罢黜，不久便抑郁发病而死。

【三段】

前驱款门，曰："君至！"梁丘据左操瑟，右挈（qiè，握着）竽（yú，竹制管器乐），行歌而出。公曰："乐哉！今夕吾饮也。微此二子者，何以治吾国？微此一臣者，何以乐吾身？"

先行的人上前敲门，说："国君来了！"梁丘据左手拿着瑟，右手提着竽，边走边唱地迎了出来。景公说："今晚我饮酒真高兴呀！假如没有那两个人，怎么来治理我的国家？假如没有这一位臣子，我怎么能快乐？"

【四段】

君子曰："圣贤之君，皆有益友，无偷（苟且）乐之臣。景公弗能及，故两用之，仅得不亡。"

君子评论道："圣明贤德的国君，都有有益的朋友，而没有贪图享乐的臣子。景公不能达到这个境界，所以这两种人都任用，只能做到不亡国。"

景公游纪得金壶中书晏子因以讽之

题解

齐景公到纪国故地游玩时得到金壶丹书，晏子通过对丹书的诠释，告诫景公不要用尽民力，任用佞臣，否则纪国就是前车之鉴。

原文

【一段】

景公游于纪（古国名，春秋时被齐所灭），得金壶，发（打开）而视之，中有丹书（刻铸的涂以朱砂的文书。丹，朱砂），曰："无食反（覆，翻转过来）鱼，勿乘驽马（劣马。驽，nú）。"公曰："善哉！如若言，食鱼无反，则恶其鱢（sāo，同"臊"，鱼腥味）也；勿乘驽马，恶其不远取道也。"

【二段】

晏子对曰："不然。食鱼无反，毋尽民力乎！勿乘驽马，则无置不肖（不贤）于侧乎！"

【三段】

公曰："纪有书，何以亡也？"

【四段】

晏子对曰："有以（有原因。以，原因）亡也。婴闻之，君子有道，悬之闾（lǘ，里巷的大门）。纪有此言，注（投，藏）之壶，不亡何待乎！"

译文

齐景公到纪国故地游玩，得到一个金壶，打开一看，里面有朱砂文书，上面写着："不要吃翻过来的鱼，不要骑劣马。"景公说："说得好啊！按照这话的意思，吃鱼不要翻过来，是讨厌它的腥味；不要骑劣马，是讨厌它走不了远路。"

晏子回答说："不是这样。吃鱼不要翻过来，是说不要用尽民力呀！不要骑劣马，则是说不要将不贤之人安在身边呀！"

景公说："纪国有这样的文书，为什么还会亡国呢？"

晏子回答道："亡国是有原因的。我听说，君子有了至理名言，要把它高悬于里巷的门上。纪国有了这样的良言，却把它当成水灌进壶里，不灭亡还等什么呢？"

景公贤鲁昭公去国而自悔晏子谓无及已

题解

鲁昭公失去君位之后的悔恨之言令景公感动，景公甚至产生了让鲁昭公重新掌权成为有道明君的念头。晏子则持相反观点，认为愚蠢的人总好后悔，无能的人才认为自己有才干。晏子旨在提醒景公应该具有忧患意识，防患于未然。

原文

【一段】

鲁昭公（鲁国第二十四代君王）失国（失去君位）走（流亡）齐，景公问焉，曰："子之年甚少，奚道（什么原因）至于此乎？"

译文

鲁昭公失去君位流亡到齐国，齐景公问他："你还很年轻，为何落到这样的地步？"

阅读指导

鲁昭公失国：昭公姬姓，名稠（一作"裯"）。公元前 517 年，鲁昭公用藏氏、郈（hòu）氏之众讨伐季氏，孟孙氏、叔孙氏救之，三家联合打败了昭公，昭公出逃齐国。

【二段】

昭公对曰："吾少之时，人多爱我者，吾体（自身）不能亲；人多谏我者，吾忌不能从。是以内无拂（bì，通"弼"，辅佐）而外无辅。辅拂无一人，

鲁昭公回答道："我年少的时候，很多人爱护我，我却不能亲近他们；很多人劝谏我，而我忌讳不听从。所以朝廷内没有人辅佐我，朝廷外也没有人帮助我。辅佐帮助的人没有

谄谀者甚众，譬之犹秋蓬（秋天的飞蓬）也，孤其根而美枝叶，秋风一至，偾（fèn，倒下）且揭（掀起）矣。”

一个，谄谀之人却特别多，就好像是秋天的飞蓬，它的根孤零零的而枝叶却很繁盛，秋风一到，就倒在地上然后被吹走了。”

【三段】

景公辩（言语巧妙，有道理）其言，以语（yù，告诉）晏子，曰：“使是人反其国，岂不为古之贤君乎？”

景公认为他的话很有道理，就将这些话告诉了晏子，并说：“如果让昭公返回他的国家，难道不会成为一个像古代贤君一样的国君吗？”

【四段】

晏子对曰：“不然。夫愚者多悔，不肖者自贤，溺者不问队（通“隧”，狭道。此指涉水而过的通道），迷者不问路。溺而后问队，迷而后问路，譬之犹临难而遽（jù，急忙）铸兵（兵器），临噎而遽掘井，虽速亦无及已。”

晏子回答说：“不是这样。愚蠢的人总爱后悔，无能的人好说自己有才干，溺水的人总是事先不问涉水的通道，迷路的人总是事先不问路。溺水了以后再问涉水的通道，迷路了以后再问路，这就像面临大难才急忙去打造兵器，被食物噎住了才急忙去挖井，即使再快也来不及了。”

曾子将行晏子送之而赠以善言

题解

曾子将要远行，晏子赠他三句话：一是要很慎重地对待能改变自己本性的事，二是要很慎重地对待自身修养问题，三是要很慎重地选择自己所处的环境。

原文

【一段】

曾子（曾参，孔子的学生）将行，晏子送之，曰："君子赠人以轩（古代一种有帷幕的车子），不若以言。吾请以言乎？以轩乎？"

译文

曾子将要远行，晏子为他送行，说："君子与其拿车子赠人，不如拿话赠人。我是送给你话呢，还是送给你车子呢？"

曾子，姓曾，名参，字子舆，春秋末年生于鲁国。十六岁拜孔子为师，勤奋好学，颇得孔子真传。其积极推行儒家主张，传播儒家思想。他的修齐治平的政治观，省身、慎独的修养观，以孝为本的孝道观，影响了中国两千多年，至今仍具有极其宝贵的社会意义。著述有《大学》《孝经》等，后世儒家尊他为"宗圣"。

【二段】

曾子曰："请以言。"

曾子说："请送我话。"

【三段】

晏子曰："今夫车轮，山之直木也，良匠煣(rǒu，用火烘烤使之弯曲)之，其圆中(zhòng，符合)规(圆规，木匠取圆的工具)，虽有槁(gǎo，晒干)暴(pù，晒)，不复嬴(通"挺"，挺直)矣，故君子慎隐(通"檃"，檃括，取直的工具)煣。和氏之璧，井里(市井乡里)之困(即"梱"，门限，这里专指做门限的石头)也，良工修之，则为存国之宝，故君子慎所修。今夫兰本(兰草的根)，三年而成，湛(浸泡)之苦酒，则君子不近，庶人不佩；湛之麋醢(麋鹿肉酱。醢，hǎi，酱)，而贾(通"价"，价钱)匹(相当)马矣。非兰本美也，所湛然也。愿子之必求所湛。婴闻之，君子居必择邻，游必就士。择居所以求士，求士所以辟患也。婴闻汩(gǔ，通"淈"，搅浑)常(平凡，世俗)移质，习俗移性，不可不慎也。"

晏子说："假如有个车轮子，本是山中笔直的木头，经灵巧的工匠用火烘烤使它弯曲变形，做成的圆形完全符合规格，即使木头干枯重新曝晒，也不会再挺直了，所以君子要很慎重地对待改变自己本性的事。和氏璧，本是市井乡里做门限的普通石头，但经高明的工匠雕琢，就成了传国之宝，所以君子要很慎重地对待自身的修养问题。假如有条兰草的根，三年才长成，把它用苦酒浸泡过后，那么君子不愿意接近它，平凡的人也不愿意佩戴它；若把它浸在麋肉酱中，那它的价值就相当于一匹马了。这并不是兰草的根好，而是浸泡它的东西使它这样啊。希望您一定要找合适的浸染环境。我听说，君子居住时一定要选择好邻居，出游时一定要结交贤士。选择邻居是为了寻求贤士，寻求贤士是为了避开祸患。我听说人混杂于平庸世俗中就会改变品质，习惯风俗会改变人的性情，不能不慎重对待啊。"

阅读指导

和氏之璧：即和氏璧，最早见于《韩非子》《新序》等书。相传为琢玉能手卞（biàn）和在湖北荆山上发现的，初不为人知，后由楚文王赏识，琢磨成器，命名为和氏璧，成为传世之宝。春秋战国之际，几国征战，几经流落，最后归于秦，传说由秦始皇制成玉玺（xǐ）。秦灭后，此玉玺归于汉刘邦。得传国玉玺者得天下，和氏璧一直在皇帝的手中转手，直至传到唐朝。而五代时，天下大乱，流传的玉玺不知所终。

晏子之晋睹齐累越石父解左骖赎之与归

题解

本篇记述了晏子为越石父赎身的故事，肯定了越石父虽身处奴仆地位却不改凛然气节的个性，同时褒扬了晏子知错能改、虚怀若谷的谦逊态度。

原文

【一段】

晏子之(到，往)晋，至中牟(晋地名，在今河南鹤壁西)，睹(dǔ，看见)弊(bì，破旧)冠反裘(皮衣反穿。裘，qiú)负刍(chú，喂牲口的草料)息于涂(同“途”，道路)侧者，以为君子也，使人问焉，曰：“子何为者也？”对曰：“我越石父(春秋时齐国人。父，fǔ)者也。”晏子曰：“何为至此？”曰：“吾为人臣仆(奴仆。臣，奴隶)于中牟，见使(被差遣。见，被)将归。”晏子曰：“何为为仆？”对曰：“不免冻饿之切(迫切)吾身，是以(因此)为仆也。”晏子曰：“为仆几何？”对曰：“三年矣。”晏子曰：“可得赎乎？”对曰：“可。”

译文

晏子到晋国去，到了中牟，看见一个头戴破帽子、反穿皮衣、背着草料在路边休息的人，认为他是个有德行的人，派人问道：“您是什么人？”那人回答道：“我叫越石父。”晏子问：“您为什么来到这里？”越石父说：“我在中牟给人当奴仆，受差遣办完事现在要回去。”晏子问：“您为什么当奴仆？”越石父回答道：“不能摆脱自身的冻饿之苦，所以做了奴仆。”晏子问：“做奴仆多长时间了？”越石父回答道：“三年了。”晏子问：“可以赎身吗？”越石父回答道：“可以。”

【二段】

遂解左骖(辕马左边的马。骖,cān,古代指驾在辕马两边的马)以赎之,因载而与之俱归。至舍(馆驿),不辞而入,越石父怒而请绝(绝交)。晏子使人应之曰:"吾未尝得交夫子也,子为仆三年,吾乃今日睹而赎之,吾于子尚未可乎?子何绝我之暴(急速)也。"

于是晏子解下车子左边的马把他赎了出来,然后用车载着他一同返回。到了馆驿,晏子没有打招呼就径直进去了,越石父气愤地请求和他断绝关系。晏子派人回应他道:"我不曾同先生交往过,您当了三年奴仆,我今天看到并赎回了您,我对您还有什么不对吗?您为什么这么快就同我绝交呢?"

【三段】

越石父对之曰:"臣闻之,士者诎(通"屈",屈辱)乎不知己,而申(伸张)乎知己。故君子不以功轻人之身,不为彼功诎身之理。吾三年为人臣仆,而莫吾知(没有人了解我。莫,没有人)也;今子赎我,吾以子为知我矣。向者(刚才)子乘,不我辞也,吾以子为忘;今又不辞而入,是与臣我(以我为臣,指把我当成奴仆)者同矣。我犹且为臣,请鬻(yù,卖)于世。"

越石父回答道:"我听说,士人可以在不了解自己的人面前忍受屈辱,而在了解自己的人面前就应当挺直了腰板做人。所以君子不能因为有功于人而轻视对方,也不能因别人对自己有功就委屈自己的做人原则。我三年中给人做奴仆,没有谁了解我;现在您赎回我,我以为您了解我。刚才您乘车时,没和我打招呼,我认为您是疏忽了;现在您又不打招呼就进去了,这是和以我为奴的人一样了。我还是去做奴仆,请将我卖到世上吧。"

【四段】

晏子出,请见曰:"向者见客之容(外表),而今也见客之意(内心)。婴闻之,省(xǐng,反省)行者不引(称引,提起)其过,察实者不讥(指责)其辞(道歉)。婴可以辞而无弃(拒绝)乎?婴诚革之。"乃令粪洒(打扫)改席,尊醮(斟酒。尊,酒樽。醮,jiào)而礼之。

晏子走出来,接见越石父说:"刚才我只是看到了您的外表,而现在我见到了您的内心。我听说,对于能反省过错的人就不再提起他的过错,对于能明察实际情况的人就不要再讥讽他的道歉。我可以向您道歉而不被您拒绝吗?我真诚地改正我的过错。"于是命人洒扫厅堂,改换座席,斟上酒,以礼款待他。

【五段】

越石父曰："吾闻之，至恭不修涂（最恭敬地待人也不必修整道路。涂，同"途"），尊礼不受摈（bìn，通"傧"，接引宾客）。夫子礼之，仆（对自己的谦称）不敢当也。"晏子遂以为上客。

越石父说："我听说，最恭敬地待人也不必修整道路，最重的礼节也不必出门迎客。先生如此礼待我，我不敢当啊。"晏子于是把他待为上宾。

【六段】

君子曰："俗人之有功则德，德则骄。晏子有功，免人于厄，而反诎下之，其去俗亦远矣。此全功之道也。"

君子评论道："庸俗之人对别人有功就自以为有恩德，自以为有恩德就骄气凌人。晏子对人有功，使人摆脱困厄，却反倒委屈自己居人之下，他与庸俗之人的差别就很大了。这就是他成就功德的道理啊。"

晏子之御感妻言而自抑损 晏子荐以为大夫

题解

本文通过晏子车夫和妻子的谈话，展示了晏子虽身材矮小但志向远大，他的为人谦恭与车夫的志得意满形成了鲜明对比。不过，晏子仅凭车夫知错能改这一点就把他提拔为大夫，未免用人草率。

原文

【一段】

晏子为齐相，出，其御（车夫）之妻从门间（jiàn，缝隙）而窥，其夫为相御，拥大盖（遮风挡雨的顶篷），策（用鞭子赶）驷马（四匹马拉的车），意气扬扬，甚自得也。既而（不久）归，其妻请去（离开）。夫问其故，妻曰："晏子长不满六尺，身相齐国，名显诸侯。今者妾观其出，志念深矣，常有以自下（谦逊退让，尊重他人）者。今子长八尺（古代一尺相当于现在的七寸），乃为人仆御；然子之意，自以为足，妾是以求去也。"

【二段】

其后，夫自抑损（指原来那种得意扬扬的神态有所收敛）。晏子怪而问之，御以实对，晏子荐以为大夫。

译文

晏子任齐国的宰相，出门时，他的车夫的妻子从门缝里往外看，看见她丈夫为宰相驾车，张着大伞盖，赶着四匹马，得意扬扬，很是满足的样子。过了不久回到家里，他的妻子请求离开他。她的丈夫询问原因，妻子说："晏子身高不到六尺，却任齐国的宰相，在诸侯中享有盛名。今天我观察他出行，心志深沉，总表现出谦恭的样子。而你身高八尺，还给人做驾车的仆人；可是你的心中还自以为满足，我因此请求离开你。"

这以后，车夫以往那种得意扬扬的神态有所收敛。晏子感到奇怪就问他，车夫把实情说了，晏子推荐他做了大夫。

泯子午见晏子晏子恨不尽其意

题解

晏子见到了燕国的游士，会面很不成功，游士由于恐惧而不能完全表达自己的见解。晏子由此联想到齐国一定有很多人抱着非常好的想法却无缘见到自己。晏子这种勇于自责的精神值得肯定。

原文

【一段】

燕(yān)之游士(游走四方传播其学术主张的人)，有泯子午(燕国人)者，南见晏子于齐。言有文章(文采)、术有条理、巨可以补国、细可以益晏子者三百篇。睹晏子，恐慎(恐惧)而不能言。晏子假(宽，宽慰)之以悲色(即"斐色"，指和悦的脸色。悲，通"斐")，开之以礼颜，然后能尽其复(答复)也。

【二段】

客退，晏子直(端正)席而坐，废朝(上朝)移时(过了一段时间)。在侧者曰："向者(先前)燕客侍，夫子胡(为什么)为忧也？"

【三段】

晏子曰："燕，万乘(shèng，辆)之国也；齐，千里之涂(通"途"，道路)也。泯

译文

燕国的游士中有一个叫泯子午的人，到南边的齐国来见晏子。他的言辞颇有文采，学说很有条理，大的方面可以对国家有益，小的方面可以对晏子有益，这样的文章不下三百篇。他见到晏子，因为害怕而说不出话来。晏子以和悦的脸色宽慰他，用彬彬有礼的态度开导他，这之后他才能把话讲完。

客人走了以后，晏子端坐在席上，好长时间忘了上朝。身边的人说："刚才燕国的客人陪着您，先生您现在为什么忧愁啊？"

晏子说："燕国，是拥有万辆兵车的大国；齐国，距离燕国有千里之遥。泯子午

子午以万乘之国为不足说(shuì，劝说)，以千里之涂为不足远，则是千万人之上也。且犹不能殚(dān，尽)其言于我，况乎齐人之怀善而死者乎？吾所以不得睹者，岂不多矣！然吾失此，何之有(有什么)也。”

认为有万辆兵车的国家不值得游说，也不以千里路途为遥远，可见他是在千万人之上了。像他这样的人尚且不能把所想的都说给我听，更何况那些在齐国怀藏才德到死的人呢？我不能够亲眼见到的人，岂不是太多了吗？我失去了这些人，还能有什么功劳可言。”

阅读指导

万乘之国：四马一车为一乘，古代经常用兵车的数量来衡量国家的实力，拥有万乘兵车，是实力很强盛的国家，指大国。

晏子遗北郭骚米以养母 骚杀身以明晏子之贤

题解

本篇记述了齐国义士北郭骚不惜牺牲生命为晏子辩白的感人故事。其实晏子与北郭骚的交情并不深，晏子只是送了些钱粮给北郭骚，但北郭骚知恩图报，显示了“士为知己者死”的豪迈气概。

原文

【一段】

齐有北郭骚者，结罘(fú，捕捉兔或鹿的网)罔(同“网”)，捆蒲苇(编草席)，织葩(fèi，麻)屦(鞋)，以养其母，犹不足，踵门(亲自上门。踵，zhǒng，脚后跟，此处做动词，“来到”)见晏子曰：“窃说先生之义，愿乞所以养母者。”晏子使人分仓(粮仓)粟府(金库)金而遗(wèi，赠送)之，辞金受粟。

【二段】

有间(不久)，晏子见(被)疑于景公，出奔(外出避难)，过北郭骚之门而辞。北郭骚沐浴而见晏子曰：“夫子将焉适(到哪里去。适，到……去)？”晏子曰：“见疑于齐君，将出奔。”北郭骚曰：“夫子勉(努力)之矣！”晏子上车太息(长叹)而叹曰：“婴之亡岂不宜哉？亦不知士甚矣！”

译文

齐国有个叫北郭骚的人，靠结兽网、编草席、打麻鞋来养活他的母亲，还是不够维持生计，就登门拜见晏子说：“我私下里仰慕先生的仁义，希望能向您讨要一些供养母亲的东西。”晏子派人拿一些仓中的米和府库中的钱送给他，他谢绝了钱，只接受了粮食。

过了不久，晏子被景公猜忌，逃往国外避难，路过北郭骚的家门前去辞行。北郭骚沐浴后恭敬地接见晏子说：“先生将要到哪里去？”晏子说：“我被齐国君王猜忌，将要出去避难。”北郭骚说：“先生您多努力吧！”晏子上了车长叹一声说：“我外出避难难道不应该吗？我也太不了解人了！”

【三段】

晏子行，北郭子召其友而告之曰："吾说晏子之义，而尝乞所以养母者焉。吾闻之，养及亲者身伉(kàng，承受)其难。今晏子见疑，吾将以身死白(使之清白，昭雪)之。"着衣冠，令其友操剑，奉笥(sì，方形竹器)而从，造(到，至)于君庭，求复者(为君王传递消息的人)曰："晏子，天下之贤者也，今去齐国，齐必侵(被侵犯)矣。方(将)见国之必侵，不若先死，请以头托白晏子也。"因谓其友曰："盛吾头于笥中，奉以托。"退而自刎(wěn，割脖颈自杀)。其友因奉以托而谓复者曰："此北郭子为国故死，吾将为北郭子死。"又退而自刎。

晏子走了以后，北郭骚叫来他的朋友并对他说："我仰慕晏子的仁义，曾经向他讨要能够供养母亲的东西。我听说，对于供养过自己双亲的人，要亲身为他承担灾难。现在晏子受到猜忌，我将要用自己的死来为他昭雪。"他穿好衣服，戴上帽子，让他的朋友拿着剑，捧着竹盒跟着他，他们来到宫廷门前，向为君王代话的人请求道："晏子，是天下的贤能之人，如今他离开了齐国，齐国一定会被他国侵犯。与其等着看国家被侵犯，不如先死了，请让我把我的头托付给你，来为晏子昭雪。"然后对他的朋友说："将我的头盛在竹盒中，捧上托付给他。"说完退下就自刎了。他的朋友于是捧着竹盒托付给传话人并对他说："这个北郭先生是为了国家而死的，我将要为北郭先生而死。"说完也退下自刎了。

【四段】

景公闻之，大骇，乘驲(rì，古代驿站的专用车辆)而自追晏子，及之国郊(边境)，请而反之。晏子不得已而反(同"返")，闻北郭子之以死白己也，太息而叹曰："婴之亡岂不宜哉！亦愈不知士甚矣！"

景公听说了这件事，非常惊骇，亲自乘坐驿车去追赶晏子，一直追到国境才追上了他，请求他回去。晏子不得已才回来，听说北郭骚以死来为自己昭雪，长叹一声说："我流亡国外难道不应该吗？我更加不了解人了！"

景公欲见高纠晏子辞以禄仕之臣

题解

晏子认为，为争夺土地而进行战争的人，成就不了帝王大业；为俸禄而做官的人，也不可能纠正君王的过失。君王不必结交对自己无用的禄仕之臣。

原文

【一段】

景公谓晏子曰："吾闻高纠(晏子的家臣)与夫子游(交往)，寡人请见之。"

【二段】

晏子对曰："臣闻之，为地战者，不能成其王；为禄仕者，不能正其君。高纠与婴为兄弟(像兄弟一样亲密)久矣，未尝干(冒犯。此处为"批评")婴之行，特(只不过)禄仕之臣也，何足以补君乎？"

译文

齐景公对晏子说："我听说高纠同先生您有交往，请让我见见他。"

晏子回答说："我听说，为争夺土地而作战的人，不可能成就其帝王之业；为俸禄而做官的人，不可能纠正君王的过失。高纠和我像兄弟一样已经很久了，不曾批评过我的行为，只不过是为俸禄而做官的人罢了，怎么能对您有所补益呢？"

高纠治晏子家不得其俗乃逐之

题解

本篇介绍了晏子的三条家规，从中可知晏子对不明大义的人，不注重自身修养的人，不关心国家大事、对人傲慢的人是不能容忍的。因此即使对待像兄弟一样的高纠，如果做不到其中之一，结果是既不能举荐给君王，还要被坚决辞退。

原文

【一段】

高纠事(侍奉)晏子而见(被)逐，高纠曰："臣事夫子三年，无得(指没有得到禄位)，而卒(最终)见逐，其说何也(这怎么解释呢)？"

【二段】

晏子曰："婴之家俗(家规)有三，而子无一焉。"

纠曰："可得闻乎？"

【三段】

晏子曰："婴之家俗，闲处从容不谈议(议论学术道德之类的问题)，则疏；出不相扬美，入不相削行(切磋德行)，则不与(yǔ，亲近)；通国(全国)事无论，骄士慢知(同"智")者，则不朝(拜访，拜见)也。此三者，婴之家俗，今子是无一焉。故婴非特(仅仅)食馈(kuì，赠人食物)之长(主人)也，是以辞。"

译文

高纠侍奉晏子却被辞退，高纠说："我侍奉先生三年了，没有得到禄位，最终却被辞退，这怎么解释呢？"

晏子说："我家的家规有三条，而你一条也没有做到。"

高纠说："可以说来听听吗？"

晏子说："我的家规是，居家悠闲自得不讨论道义的，就疏远他；外出不互相宣扬美德，在家不相互切磋品行的，就不亲近他；对全国大事不评论，对贤士傲慢，对智者怠慢的人，则不被召见。这三条，就是我的家规，如今你没有做到其中任何一条。况且我也不是专供人吃饭的主人，所以我辞退了你。"

卷六　内篇杂下第六

灵公禁妇人为丈夫饰不止
晏子请先内勿服

题解

齐灵公喜欢宫中的女人穿男装，却禁止都城的女人这样穿着，尽管禁令很严厉，但效果并不明显。晏子对此提出了解决方案，就是从宫中开始，禁止宫中的女人这样穿着，那么宫外的女人也就“上行下效”了。

原文

【一段】

灵公(前581—前554年在位)好妇人而丈夫(指成年男子)饰者，国(指国都)人尽服之。公使吏禁之，曰：“女子而男子饰者，裂其衣(撕坏衣服)，断其带。”裂衣断带相望(到处可见)，而不止。

【二段】

晏子见，公问曰：“寡人使吏禁女子而男子饰者，裂断其衣带，相望而不止者，何也？”

译文

齐灵公喜欢女人穿男装，于是都城的女人都跟着穿男装。灵公派官吏禁止这种行为，说：“凡是女人穿男装的，撕坏她的衣服，扯断她的衣带。”被撕坏衣服、扯断带子的人随处可见，可还是不能禁止。

晏子拜见灵公，灵公问道：“我派官吏禁止女人着男装，把她们的衣服衣带都撕破扯断了，破衣断带随处可见，但还是不能禁止这种风气，这是为什么？”

【三段】

晏子对曰："君使服之于内，而禁之于外，犹悬牛首于门，而卖马肉于内也。公何以不使内勿服，则外莫敢为也。"

晏子回答道："您让宫内的女人穿，而禁止宫外的女人穿，这就像在门外挂着牛头，而在门内卖马肉一样呀。您为什么不让宫内的女人不要穿男装呢？那么宫外的女人也就没有谁敢那样穿了。"

【四段】

公曰："善。"使内勿服。不逾(超过)月，而国人莫之服(没有人再穿男装)。

灵公说："说得好。"命令宫内的女人不许再穿男装。不到一个月，都城里就没有女人敢穿男装了。

齐人好毂击 晏子绐以不祥而禁之

题解

晏子对齐国人喜欢玩互相撞击车毂的游戏深感忧虑，于是假借神的旨意加以制止。其主旨是，统治者要想改变民风，必须以自身做榜样，率先垂范。题目中的“绐”（dài），是“欺骗”之意。

原文

【一段】

齐人甚好毂击（用车毂互相撞击。毂，gǔ，车轮中心的圆木，中间有孔可以穿轴），相犯（撞击）以为乐，禁之不止。晏子患（担忧）之，乃为新车良马，出与人相犯也，曰：“毂击者不祥，臣其祭祀不顺、居处不敬乎？”下车弃而去之，然后国人乃不为。

【二段】

故曰：禁之以制（法令），而身不先行，民不能止。故化其心，莫若教（身教）也。

译文

齐国人非常喜欢玩“毂击”的游戏，以车毂相撞为乐趣，屡禁不止。晏子对这件事很担心，就准备了新车好马，出去与他人相撞，说：“碰撞了车毂的人是不吉利的，我大概是祭祀时不顺从神灵的旨意，平时对神灵不恭敬吧？”下车后丢下车子就离开了，这以后国人便不再做这种事了。

所以说：只用法令去制止，自身不先做出表率，百姓便不会被制止住。因此要改变民心，不如以自身做榜样。

柏常骞禳枭死将为景公请寿晏子识其妄

题解

齐景公的宠臣柏常骞制造了一场通过祈祷祛除枭鸟的骗局，宣称可以通过祈祷增加人的寿命，想进一步以骗术赢得景公的信任。对此，晏子严正地指出，只有让政治和道德顺从神意，才能增加寿命；他又根据天象，说明地震与祈祷无关，揭穿了柏常骞的骗局。

原文

【一段】

景公为路寝（古代君王处理政事的宫室。寝，qǐn）之台（高台），成，而不踊（登）焉。柏常骞（原为周史官，后来到齐国。骞，qiān）曰：“君为台甚急，台成，君何为而不踊焉？”公曰：“然，有枭（xiāo，也作“鸮”，一种凶猛的鸟，叫声凄厉）昔（通“夕”，夜里）者鸣，其声无不为（声音千奇百怪）也，吾恶之甚，是以不踊焉。”柏常骞曰：“臣请禳（ráng，祈祷免除灾祸）而去之。”公曰：“何具（准备）？”对曰：“筑新室，为置白茅（草名，古代常用以包裹充当祭祀的礼物）焉。”

【二段】

公使为室，成，置白茅焉。柏常骞夜用事（指做法事除灾）。明日，问公曰：“今昔闻鸮（xiāo）声乎？”公曰：“一鸣而不复闻。”使人往视之，鸮当陛（宫殿的台阶），布（铺开）翼，伏地而死。

译文

齐景公修建路寝宫的高台，建成后，却不登上去。柏常骞说：“您建台建得很急迫，现在台子建成了，您为何不登上去呢？”景公说：“是这样，有一只枭鸟在夜里鸣叫，叫声千奇百怪，我特别讨厌它，因此不登上去。”柏常骞说：“我请求替君王禳除灾邪。”景公说：“要准备些什么？”柏常骞回答道：“建一座新房子，里面放上白茅。”

景公派人修建房子，建成后，在里面放上白茅。柏常骞在夜里做法事。第二天，柏常骞问景公：“昨夜听到枭鸟的叫声了吗？”景公说：“叫了一声就没再听到。”派人前去察看，只见枭鸟在宫殿的台阶上，张开翅膀，趴在地上死了。

【三段】

公曰："子之道若此其明也，亦能益寡人之寿乎？"对曰："能。"公曰："能益几何？"对曰："天子九，诸侯七，大夫五。"公曰："子亦有征兆之见(xiàn，同"现"，显示)乎？"对曰："得寿，地且动。"公喜，令百官趣(cù，同"促"，赶快)具(准备)骞之所求。

景公说："先生的道术如此高明，也能增加我的寿命吗？"柏常骞回答道："能。"景公问："能增加几年？"柏常骞回答道："天子增九岁，诸侯增七岁，大夫增五岁。"景公问："你能使增加寿命时出现什么征兆吗？"柏常骞回答道："求得长寿，地将会震动。"景公十分高兴，命令百官赶快去准备柏常骞需要的那些东西。

【四段】

柏常骞出，遭晏子于涂(同"途"，道路)，拜马前，辞。骞曰："为君禳鸮而杀之，君谓骞曰：'子之道若此其明也，亦能益寡人寿乎？'骞曰：'能。'今且大祭，为君请寿，故将往以闻(让您知道)。"晏子曰："嘻！亦善矣，能为君请寿也！虽然，吾闻之，维(只，仅)以政与德而顺乎神为可以益寿，今徒(仅仅)祭，可以益寿乎？然则福兆有见乎？"对曰："得寿，地将动。"晏子曰："骞！昔吾见维星(北斗星中为"斗柄"的三颗星)绝(断绝，指三颗星不相连)，枢星(天枢，北斗七星之首)散，地其动，汝以是乎？"柏常骞俯，有间，仰而对曰："然。"晏子曰："为之无益，不为无损也。汝薄敛，毋费民，且无令君知之。"

柏常骞出了门，在路上遇到了晏子，在晏子的马前作揖，晏子答谢。柏常骞说："我为君王祈祷祛除枭鸟，杀死了它，君王对我说：'先生的道术如此高明，也能增加我的寿命吗？'我说：'能。'现在将举行盛大的祭祀，为君王请求增寿，所以我要去您那里把这件事告诉您。"晏子说："哈！你能为君王请求增寿也是好事呀！虽说这样，但我听说，只有政治与德行顺从神的旨意，才可以增加寿命，如今只是祭祀，能增加寿命吗？那么能有什么征兆显现吗？"柏常骞回答说："得到所增的寿命，地将会震动。"晏子说："柏常骞啊！夜里我见到维星隐没，枢星散去，这说明大地将要震动，你就是根据这个说的吧？"柏常骞低下头，过了一会儿，抬起头回答道："是的。"晏子说："可见你祈祷没有什么好处，不祈祷也没有什么坏处。你应该减轻赋税，不要耗费民财，而且不要让君王知道这些情况。"

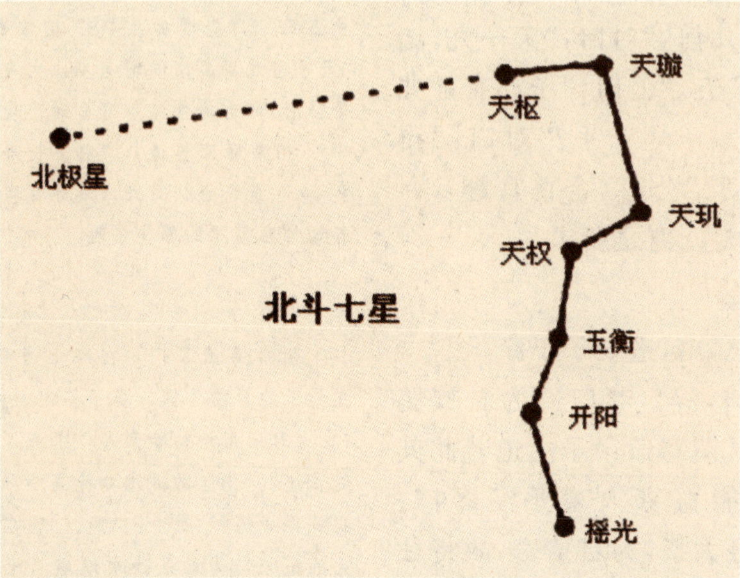

北斗七星是由天枢、天璇、天玑、天权、玉衡、开阳、摇光组成的。古人把这七颗星联系起来想象成古代舀酒的斗形。天枢、天璇、天玑、天权组成斗身，古曰魁；玉衡、开阳、摇光组成斗柄，古曰杓（biāo）。北斗星在不同的季节和夜晚的不同时间，出现于天空不同的方位，所以古人就根据初昏时斗柄所指的方向来决定季节：斗柄指东，天下皆春；斗柄指南，天下皆夏；斗柄指西，天下皆秋；斗柄指北，天下皆冬。文中的维星即北斗星中为“斗柄”的三颗星。枢星即图中的“天枢”。

晏子使吴吴王命傧者称天子晏子详惑

题解

礼仪是外交活动中的头等大事。晏子对吴王行天子之礼的僭越行为给予了巧妙的抵制，使吴王诡计无法得逞，显示了晏子卓越的外交才能。

原文

【一段】

晏子使吴，吴王谓行人（官名，掌管朝见聘问等外交事务）曰："吾闻晏婴，盖北方辩于辞、习于礼者也。命傧者（负责接引宾客及礼仪事务的官员。傧，bìn）曰：'客见则称天子请见。'"

【二段】

明日，晏子有事（公干，公事），行人曰："天子请见。"晏子蹴然（恭敬的样子。蹴，cù）。行人又曰："天子请见。"晏子蹴然。又曰："天子请见。"晏子蹴然者三，曰："臣受命敝邑（bì yì，对自己国家的谦称）之君，将使于吴王之所，以不敏而迷惑，入于天子之朝。敢问吴王恶乎存（在哪里。恶，wū，哪里。存，在）？"然后吴王曰："夫差（吴国末代国君）请见。"见之以诸侯之礼。

译文

晏子出使吴国，吴王对负责外交事务的官员说："我听说晏婴，是北方巧于言辞、通晓礼仪的人。你让负责迎宾的官员说：'客人来见时，就声称天子请他进去会见。'"

第二天，晏子有事来见，负责外交事务的官员说："天子请您进去会见。"晏子做出恭敬的样子。负责外交事务的官员又说："天子请您进去会见。"晏子做出恭敬的样子。负责外交事务的官员又说："天子请您进去会见。"晏子第三次做出恭敬的样子，说："我从鄙国国君那里接受命令，将出使到吴王那里，因为愚笨而摸不着头脑，进了天子的朝堂。请问吴王在哪里？"于是吴王说："夫差请您进去会见。"吴王按照诸侯之礼与晏子相见。

晏子使楚楚为小门 晏子称使狗国者入狗门

题解

外交无小事，尤其在牵涉国格的时候，更是丝毫不可侵犯。晏子出使楚国，面对楚君对他的侮辱戏弄，以“针尖对麦芒”的方式，维护了国格，也维护了他个人的尊严。晏子之所以能赢得这场外交的胜利，不仅因为晏子的话不卑不亢，有礼有节，用语委婉，头脑清晰，还由于晏子的背后有一个强大的国家支撑着他。

原文

【一段】

晏子使楚，楚人以晏子短，为小门于大门之侧而延（引）晏子。晏子不入，曰：“使狗国者，从狗门入；今臣使楚，不当从此门入。”傧者（接待宾客的人。傧，bìn）更（改变）道，从大门入。

【二段】

见楚王，王曰：“齐无人（指没有合适的人）耶（yé，吗）？使子为使。”晏子对曰：“齐之临淄（齐国国都，在今山东淄博东北）三百闾（lǘ，古代二十五家为一闾），张袂成阴（人们张开袖子就能遮阳变成阴天，形容人数极多。袂，mèi，衣袖），挥汗成雨，比（并）肩继踵（zhǒng，脚后跟）而在，何为（通“谓”）无人？”

译文

晏子出使楚国，楚国人因为晏子身材矮小，在大门旁开了个小门请晏子进去。晏子不进，说：“出使狗国的人，才从狗门进去；如今我出使楚国，不应该从这个门进去。”负责接待的官员只好改道，让晏子从大门进去。

晏子会见楚王，楚王说：“齐国没有人了吗？竟派您来做使者。”晏子回答道：“齐国的临淄城有三百闾人家，人们张开袖子就可以遮住太阳变成阴天，挥洒汗水就成了大雨，肩并着肩、脚挨着脚大有人在，怎么会没有人了呢？”

王曰："然则何为使子？"晏子对曰："齐命使，各有所主（有各自所适合访问的君主），其贤者使使（派使臣出使）贤主，不肖（不贤）者使使不肖主。婴最不肖，故宜使楚矣。"

楚王说："既然这样，为什么让您当了使臣？"晏子回答道："齐国所派的使者，都有各自所适合访问的君主，贤德之人出使到贤德的君主那里，无能之人出使到不贤德的君主那里。我最不贤了，所以最适合出使楚国。"

楚王欲辱晏子指盗者为齐人 晏子对以橘

题解

晏子出使楚国，面对楚王及近侍的捉弄，机智地以橘在淮北为枳做比喻，暗喻楚地水土不好，既羞辱了楚王，又维护了齐国的尊严，赢得了外交上的胜利。

原文

【一段】

晏子将至楚，楚闻之，谓左右曰："晏婴，齐之习辞（善于辞令）者也，今方来，吾欲辱之，何以（用什么办法）也？"左右对曰："为（在）其来也，臣请缚一人，过王而行，王曰：'何为者也？'对曰：'齐人也。'王曰：'何坐（犯了什么罪。坐，犯……罪）？'曰：'坐盗。'"

【二段】

晏子至，楚王赐晏子酒。酒酣（hān，饮酒尽兴），吏二缚（捆绑）一人诣（yì，至，到……去）王，王曰："缚者曷（hé，何）为者也？"对曰："齐人也，坐盗。"王视晏子曰："齐人固（向来）善盗乎？"晏子避席（离开座席，以示尊重）对曰："婴闻之，橘生淮（淮河）南则为橘，生于

译文

晏子将要出使楚国，楚王听说了以后，对身边的人说："晏婴是齐国善于辞令的人，如今他要来访，我想羞辱他，用什么办法呢？"身边的人回答说："等他到来时，请让我绑上一个人，从大王您面前走过，您就问：'这是什么人啊？'我就说：'是齐国人。'您问：'他犯了什么罪？'我就回答：'犯了盗窃罪。'"

晏子来了，楚王招待晏子饮酒。酒喝到兴浓时，两个小吏绑着一个人来到楚王面前，楚王问："被绑着的是什么人啊？"小吏回答道："是齐国人，犯了盗窃罪。"楚王看着晏子说："齐国人向来就擅长盗窃的吗？"晏子离开座席回答道："我听说，橘子生长在淮河以南就是橘子，如果生长在

淮北则为枳（zhǐ，落叶灌木或小乔木，小枝多刺，果实黄绿色，味酸，不可食，可入药），叶徒（仅仅）相似，其实（它们的果实）味不同。所以然者何？水土异也。今民生长于齐不盗，入楚则盗，得无（表揣测的副词，相当于“莫非”）楚之水土使民善盗耶？”

淮河以北就成了枳子，仅仅叶子相似，它们的果实味道并不一样。为什么会这样呢？是因为水土不一样啊。如今这个人生长在齐国不会盗窃，到了楚国就会偷盗，莫非是楚国的水土使人善于偷盗吗？”

阅读指导

橘生淮南则为橘，生于淮北则为枳：橘子生长在淮河以南就是橘子，生长在淮河以北就成了枳子。橘和枳是两种不同的果树，“橘生淮南则为橘，生于淮北则为枳”的说法是没有科学依据的。

【三段】

王笑曰：“圣人非所与熙（同“嬉”，开玩笑）也，寡人反取病（自取其辱。病，耻辱）焉。”

楚王笑着说：“圣人是不能跟他开玩笑的，我反倒是自取其辱啊。”

田无宇胜栾氏高氏欲分其家晏子使致之公

题解

齐国发生了内乱，田氏、鲍氏打败了栾氏、高氏，还想分掉他们的家产。晏子对此进行了劝阻，告诫他们，廉洁是政治的根本，谦让是道德的主体，瓜分者必招致祸害，推辞谦让者才能永久幸福。

原文

【一段】

栾氏（栾施，字子旗）、高氏（高强，字子良）欲逐田氏（田无宇，谥“桓子”）、鲍氏（鲍国，谥“文子”），田氏、鲍氏先知而遂攻之。高强曰：“先得君（先劫持国君），田、鲍安往（往何处去）？”遂攻虎门（齐国宫门）。二家（指双方，即栾、高为一方，田、鲍为另一方）召晏子，晏子无所从也。从者曰：“何为不助田、鲍？”晏子曰：“何善焉？其助之也！？”“何为不助栾、高？”曰：“庸（何，哪里）愈（胜过，超过）于彼（指田、鲍一方）乎？”

【二段】

门开，公召而入。栾、高不胜而出（指流亡国外）。田桓（huán）子

译文

栾氏、高氏想赶走田氏、鲍氏，田氏、鲍氏事先得知了情况，于是攻打栾氏、高氏。高强说：“我们先劫持国君，田氏、鲍氏还能跑到哪里去？”于是他们去攻打虎门。他们双方都想争取晏子，晏子没有听从任何一方。晏子的随从问：“为什么不帮助田氏、鲍氏呢？”晏子说：“他们有什么好呢？值得我去帮助他们！？”随从问：“为什么不帮助栾氏、高氏呢？”晏子说：“这两家难道比那两家有什么更大的好处吗？”

宫门打开了，齐景公召晏子进去。栾氏、高氏没有获胜便逃出了齐国。田桓子

欲分其家，以告晏子，晏子曰："不可！君不能饬(chì，整顿)法，而群臣专制，乱之本也。今又欲分其家、利其货(贪图他们的财货)，是非制也。子必致之公(公室，即君王)。且婴闻之，廉者，政之本也；让者，德之主也。栾、高不让，以至此祸，可毋慎乎！廉之谓公正，让之谓保德。凡有血气者，皆有争心，怨(通"蕴"，积蓄，积聚)利生孽(妖孽，祸殃)，维义为可以长存。且分争者不胜(经得起)其祸，辞让者不失其福，子必勿取！"

想分掉他们的财产，将这个想法告诉了晏子，晏子说："不可以！国君不能整顿法纪，因而群臣专权，这是祸乱的根源啊。如今你们又想分掉他们的家产，占有他们的财物，这是不符合制度的。你一定要将他们的财产交给君王。况且我听说，廉洁，是政治的根本；谦让，是德行的主体。栾氏、高氏不谦让，才招致这样的灾祸，能不慎重吗！廉洁的意思是要公正，谦让的意思是要保全德行。凡是有血气的人，都有争斗之心，若积蓄财货就会招致灾祸，只有道义才可使人长存。况且喜欢瓜分争夺的人不能承受祸患，善于谦让的人不会失去他的福分，你一定不要获取他们的财产！"

【三段】

桓子曰："善！"尽致之公，而请老于剧(邑名，在今山东寿光南)。

田桓子说："说得好！"将两家的财产全部交给了景公，并请求到剧地养老。

子尾疑晏子不受庆氏之邑 晏子谓足欲则亡

题解

齐国的相国庆封由于专权，遭到众大夫的攻击而逃亡，人们瓜分了他的财产，也分给晏子一些食邑。晏子拒绝接受，他认为，人的欲望不应该充分满足，对财富的拥有也要加以约束，否则就会招致祸害。

原文

【一段】

庆氏(庆封，齐国大夫)亡，分其邑，与晏子邶殿(齐别都。邶，bèi)，其鄙(小邑)六十，晏子勿受。子尾(齐惠公之孙，齐国大夫)曰："富者，人之所欲也，何独弗欲？"

【二段】

晏子对曰："庆氏之邑足欲，故亡。吾邑不足欲也，益之以邶殿，乃足欲；足欲，亡无日矣。在外，不得宰(掌管)吾一邑。不受邶殿，非恶富也，恐失富也。且夫富，如布帛之有幅(布帛的宽度)焉，为之制度(规定宽度)，使无迁(变动)也。夫民生厚(生活用度丰厚)而用利(器具充足)，于是乎正德以幅(引申为规范、限度)之，使无黜(chù，减损)慢(轻慢，任意)，谓之幅利。利过则为败，吾不敢贪多，所谓幅也。"

译文

庆封出逃后，人们将他的邑地瓜分了，把邶殿分给了晏子，共有六十个小邑，晏子不接受。子尾说："富有，是人们所追求的，为什么您偏偏不想要呢？"

晏子回答道："庆封的邑地多充分满足了他的欲望，所以导致他的出逃。我的邑地不能满足我的欲望，如果增加了邶殿，就充分满足了我的欲望；充分满足了欲望，那么离逃亡之日也就不远了。如果逃亡在外，那么连一块邑地都不受我掌管了。所以不接受邶殿，不是讨厌富有，而是害怕失去富有啊。况且富有，就像布帛一样是有宽度的，为它制定宽度，就是使它不能有所变动。人们都想生活用度丰厚，器具充足，于是就要端正道德作为限度，使人们对财富既不要废弃减损也不任意无度，这叫作有幅度之利。利过多则会衰败，我不敢贪求多利，这就是所谓的幅度。"

景公禄晏子平阴与槁邑晏子愿行三言以辞

题解

晏子拒绝接受齐景公赐予的食邑，并阐述了不能接受食邑的原因，接着提出了自己想要得到的俸禄，即取消渔业盐业收费，减轻耕种税赋，放松刑罚。这些主张集中体现了晏子的民本思想。

原文

【一段】

景公禄（给俸禄）晏子以平阴与槁邑（gǎo yì，邑名），反市（在市场上做买卖。反，通“贩”）者十一社（古代二十五家为一社）。晏子辞曰：“吾君好治宫室，民之力弊（pí，疲困）矣；又好盘游（流连，游乐）玩好（喜好的玩物。好，hào）以饬（通“饰”，打扮）女子（指后宫的嫔妃），民之财竭矣；又好兴师，民之死近矣。弊其力，竭其财，近其死，下之疾（痛恨）其上甚矣！此婴之所为不敢受也。”公曰：“是则可矣。虽然，吾子独不欲富与贵乎？”晏子曰：“婴闻为人臣者，先君后身。安国而度（居）家，宗（尊崇）君而处身，曷（hé，何）为独不欲富与贵也！”

译文

齐景公把平阴和槁邑赐给晏子做食邑，其中有十一社是贸易市场。晏子辞谢道：“我的国君喜欢修筑宫室，百姓的力量已经十分疲困了；又喜欢到处游乐玩赏器物以及打扮宫中的女子，百姓的钱财都已经用光了；又喜欢兴兵打仗，百姓都已濒临死亡了。使他们疲惫不堪，让他们财力耗尽，使他们濒临死亡，在下的民众已经非常痛恨在上的统治者了！这就是我之所以不敢接受的原因。”景公说：“这话说得倒不错。即便如此，您难道就不想富与贵吗？”晏子说：“我听说做臣子的，要先把国君的事情放在前面，把自己的事情放在后面。安定国家后才安居自家，尊奉国君而后安处自身，怎能说唯独我不想富与贵呢！”

【二段】

公曰："然则曷以禄夫子？"晏子对曰："君商（当作"宽"）渔盐，关市讥（检查）而不征；耕者十取一焉；弛（松，放宽）刑罚，若死者刑，若刑者罚，若罚者免。若此三言者，婴之禄，君之利也。"公曰："此三言者，寡人无事（指不过问）焉，请以从夫子。"

景公说："那么我拿什么来封赏您呢？"晏子回答说："您让渔业盐业进入市场，对关卡集市只检查而不征税；对种地的农户只收取十分之一的赋税；放松刑罚，若是犯死罪就改判徒刑，若是该判徒刑就改为罚款，若是该罚款的就免除。所说的这三条能实行了，就是对我的赏赐，也是您的利益所在。"景公说："这三条，我不过问了，就听从先生的吧。"

【三段】

公既行若（此）三言，使人问大国，大国之君曰："齐安矣。"使人问小国，小国之君曰："齐不加（欺凌，欺辱）我矣。"

景公按照这三条去做了，派人去大国询问，大国国君说："齐国安定了。"派人到小国询问，小国国君说："齐国不会欺凌我们了。"

梁丘据言晏子食肉不足 景公割地将封晏子辞

题解

晏子身居相位，却过着简朴的生活，并且拒绝了齐景公增加其封地的赏赐。他不以贫困为遗憾，却以贫困为老师，体现了他安贫乐道的生活态度。

原文

晏子相齐三年，政平民说(同“悦”)。梁丘据(景公的宠臣)见晏子中食(中等水平的食物)而肉不足，以告景公。旦日(第二天)，封晏子以都昌(地名，在今山东昌邑)，晏子辞而不受，曰：“富而不骄者，未尝闻之；贫而不恨(遗憾)者，婴是也。所以贫而不恨者，以若(此，指拮据的状态)为师也。今封，易婴之师。师已轻，封已重矣，请辞。”

译文

晏子任齐国的国相三年，齐国政治清平百姓和乐。梁丘据看见晏子吃一般的饭食而肉很少，就把这个情况告诉了景公。第二天，景公想把都昌赐给晏子，晏子推辞而不接受，说：“富裕而不骄纵的人，我从未听说过；贫困而没有遗憾的人，我就是。之所以能贫困而没有遗憾，是因为我以贫困为老师。如今您封赏给我土地，是改换了我的老师。老师被轻视了，封赏却被看重了，请允许我谢绝封赏。”

景公以晏子食不足致千金而晏子固不受

题解

齐景公见晏子贫穷到连饭都吃不饱，便送给他很多钱财。但晏子对于君王的厚赏，表示有饭吃、有衣穿即可，他不贪求财物，不攀比富贵。这些淡泊名利的思想对于后世仍有积极的教育意义。

原文

【一段】

晏子方食，景公使使者至，分食食之（把食物分给别人吃。后一个“食”做动词，读 sì），使者不饱，晏子亦不饱。

【二段】

使者反（同“返”），言之公。公曰：“嘻！晏子之家，若是其贫也。寡人不知，是寡人之过也。”使吏致千金与市租（在市场上收的税款），请以奉宾客。晏子辞，三致之，终再拜而辞曰：“婴之家不贫。以君之赐，泽（恩泽）覆三族（指父族、母族、妻族），延（扩大）及交游（朋友），以振（救济）百姓，君之赐也厚矣！婴之家不贫也。婴闻之，夫厚取之君而施之民，是臣代君君民（给人民当君王）也，忠臣不为也；厚取

译文

晏子正在吃饭，景公派的使者来了，晏子分些饭食给他吃，使者没有吃饱，晏子也没有吃饱。

使者回去以后，把情况报告给景公。景公说：“嘿！晏子的家，贫困到这个地步了。我不知道，这是我的过错呀。”就派官吏给他送去千金并允许他收取市场的税款，让他用来招待宾客。晏子谢绝了，送了几次，最终晏子拜了两拜辞谢道：“我家不贫穷。凭借君王的赏赐，我家三族都蒙受了恩惠，连朋友也受益了，还救济了百姓，君王的赏赐已经很丰厚了！我家不穷啊。我听说，从国君那里过多地求取财物而施舍给百姓，这是臣子代替君王治理百姓啊，忠臣不做这种事；从君王那里获取很多钱财

之君而不施于民，是为筐箧（qiè，小箱子）之藏也，仁人不为也；进取于君，退得罪于士（士人），身死而财迁于它人，是为宰（家臣）藏也，智者不为也。夫十总（通“缓”，zōng，计算布匹的量词）之布，一豆（盛放食物的高脚器皿）之食，足于中（内心），免矣。”

却不施舍给百姓，这是为了把钱储存在自家的箱子里，仁德的人不这样做；在朝廷做官时从君王那里获取钱财，退隐之后却不分给士人而得罪士人，死后财产都转移到别人手里，这就是替做家臣的收藏啊，聪明人不做这种事。一匹粗布，一盆饭食，我就心满意足了，这些赏赐就免了吧。”

阅读指导

三族：一般有几种说法，一种是父族、母族、妻族；一种指父、子、孙；一种指父母、兄弟、妻子；还有指昆弟、己昆弟、子昆弟。根据前文“父之党无不乘车，母之党无不足于衣食者，妻之党无冻馁者”看，晏子在文中说的三族当为父族、母族、妻族。

十总之布：古代布帛在二尺二寸的幅宽内，以八十缕经线为一缓（又称“升”）。细布是十五缓，所以“十缓”是较为粗疏的布。

【三段】

景公谓晏子曰：“昔吾先君桓公（齐桓公，春秋五霸之一），以书社（书写社内人姓名的名册）五百封管仲，不辞而受，子辞之何也？”

景公对晏子说：“从前我的先君桓公，将在册的五百社的地方赏给了管仲，管仲没有推辞就接受了，您为什么要推辞呢？”

阅读指导

书社：古制以二十五家为一社。把社内的人名登录簿册，叫作“书社”，借指按照社登记入册的人口及其土地。

【四段】

晏子曰：“婴闻之，圣人千虑，必有一失；愚人千虑，必有一得。意者管仲之失、而婴之得者耶？故再拜而不敢受命。”

晏子说：“我听说，圣人千虑，必有一失；愚人千虑，必有一得。我想这就是管仲的‘失’、我的‘得’吧？所以我只能再次拜谢而不敢接受您的赏赐。”

景公以晏子衣食弊薄使田无宇致封邑晏子辞

题解

齐景公见晏子生活贫困，衣食简朴，便派田无宇将台邑和无盐邑送给晏子。晏子身为齐相却崇尚节俭，不肯接受景公赐予的食邑。他的关于"臣有德益禄，无德退禄"的主张值得肯定。

原文

【一段】

晏子相齐，衣（yì，穿）十升之布（指粗布衣服），食脱粟之食（指普通的饭食。脱粟，去皮的谷子，即小米）、五卵（鸡蛋）、苔菜（海苔）而已。左右以告公，公为之封邑，使田无宇致台与无盐（台邑和无盐邑，齐地名）。

【二段】

晏子对曰："昔吾先君太公受之营丘（邑名，后改为临淄），为地五百里，为世国长（当诸侯之长。世国，指世代相继的诸侯国）。自太公至于公之身，有十数公矣。苟能说（同"悦"，取悦，讨好）其君以取邑，不至公之身，趣（qū，趋，奔向）齐搏（攫取）以求升土（指土地），不得容足（立足之地，

译文

晏子担任齐国的相国，穿的是粗布衣服，吃的不过是小米饭、五个鸡蛋和海苔而已。左右的人将这件事告诉了齐景公，景公要封给他城邑，派田无宇将台邑和无盐邑送给晏子。

晏子回答道："从前我们的先君太公受封于营丘，拥有方圆五百里的土地，成为各诸侯国的首领。从太公传到您，已有几十位国君了。如果都能因为取悦国君而获得封邑，君位没等传到您这儿，人们都跑到齐国来攫取一块土地，那么君王您就没有立足之地栖

形容地方狭小)而寓(寄托，存身)焉。婴闻之，臣有德益禄，无德退禄，恶(wū，何，哪里)有不肖(不贤)父为不肖子，为封邑以败其君之政者乎?”遂不受。

身了。我听说，臣子有德就增加俸禄，无德便收回俸禄，哪有不肖之父为了不肖之子，因为求取封邑而败坏他们国君的政事呢?”于是晏子没有接受封邑。

阅读指导

不肖父为不肖子：意思是说，如果接受了封邑，自己就是不贤德之人，对于儿子来说，就是不肖之父；儿子将来继承了这些封邑，也是不肖之子。

景公欲更晏子宅
晏子辞以近市得所求讽公省刑

题解

晏子谢绝了齐景公更换自己宅院的提议，并称自己离集市近，买东西方便。当景公问集市上什么贵、什么贱时，晏子沉痛地回答假腿贵而鞋子贱，对景公滥用刑罚提出了质疑，迫使景公减轻了刑罚。

原文

【一段】

景公欲更晏子之宅，曰："子之宅近市，湫隘（jiǎo ài，低洼狭小）嚣（吵闹声）尘（尘土），不可以居，请更诸（"之于"的合音词）爽（敞亮）垲（kǎi，地势高而干燥）者。"晏子辞曰："君之先臣（谦称自己的先人）容焉，臣不足以嗣（sì，继承）之，于臣侈矣。且小人（对自己的谦称）近市，朝夕得所求，小人之利也。敢烦里旅（乡里邻居）！"

【二段】

公笑曰："子近市，识（知道）贵贱乎？"对曰："既窃（私下里）利之，敢不识乎？"公曰："何贵何贱？"是时也，公繁于刑，有鬻（yù，卖）踊（古代为受刖〈yuè〉刑的人做的假腿）者，故

译文

齐景公想更换晏子住的房子，说："您的房子靠近集市，低洼狭窄，人声嘈杂，尘土飞扬，不宜居住，请您换到敞亮的地势高而干燥的地方吧。"晏子谢绝道："我的先人在这里居住，我不配继承它，这住处对我来说已经很奢侈了。再说我靠近集市，早晚都能买到我需要的东西，这对我很有利。怎么敢烦扰乡里邻居给我另建呢！"

景公笑着说："您靠近集市，知道集市贵贱的行情吗？"晏子回答道："既然我得利于它，怎能不知道呢？"景公问："什么贵，什么贱？"当时，景公滥用刑罚，有专门卖为砍掉腿的人而制作的假腿，所以

对曰："踊贵而屦(jù，鞋)贱。"公愀然(指悲伤、严肃的样子。愀，qiǎo)改容。公为是省于刑。

晏子回答道："假腿贵而鞋子便宜。"景公听后脸色变得很悲伤。为此，景公减轻了刑罚。

【三段】

君子曰："仁人之言，其利博哉！晏子一言，而齐侯省刑。《诗》曰：'君子如祉(zhǐ，福)，乱庶(庶几，差不多)遄(chuán，快速)已。'其(大概)是之谓乎！"

君子说："仁德的人说的话，带来的好处真大呀！晏子一句话，就让齐君减轻了刑罚。《诗经》上说：'君子如果来造福，祸乱很快就会停止。'大概说的就是这件事吧！"

阅读指导

君子如祉，乱庶遄已：语出《诗经·小雅·巧言》，意思是国君若能任用贤能，祸乱将很快停止。祉，福，引申为任用贤能。

景公毁晏子邻以益其宅 晏子因陈桓子以辞

题解

齐景公趁晏子出访鲁国之际，派人翻建了他的住宅。晏子回来后把新居拆掉，仿照老房子的样式重建，并把原来的邻居请了回来，引用谚语说明自己不做无理的事。

原文

晏子使鲁，景公为毁其邻，以益（扩大）其宅。晏子反（同“返”），闻之，待于郊，使人复于公曰：“臣之贪顽而好大室也，乃通（通达）于君，故君大其居，臣之罪大矣。”

【二段】

公曰：“夫子之乡（乡里。指居住环境）恶（恶劣）而居小，故为夫子为之，欲夫子居之，以慊（qiè，满足）寡人也。”

【三段】

晏子对曰：“先人有言曰：‘毋卜（占卜）其居，而卜其邻舍。’今得意于君者慊其居，则毋卜已；没氏（指被拆的邻居家族）之先人卜与臣邻，

译文

晏子出使鲁国，齐景公把他邻居的住宅拆了，用以扩大他的住宅。晏子回国后，听说了这件事，就待在城外，派人禀告景公说：“我贪婪顽劣而且喜欢大房子，让君王您知道了，所以君王替我扩大了我的住宅，我的罪过太大了。”

景公说：“您的居住环境太恶劣了，而且房子太小，所以替您做了这件事，想让您居住，从而让寡人能满足心愿。”

晏子回答道：“先人说过：‘不用去占卜自己的住宅，而要去占卜个好邻居。’如今得志于君王的人很满意自己的住宅，就不用占卜了；没氏的先人经占卜与我为邻，

吉，臣可以废没氏之卜乎？夫大居而逆（违背）邻归之心，臣不愿也，请辞。”卒（最终）复其旧宅。

公弗（不）许，因陈桓（huán）子以请，乃许之。

很吉利，我可以废弃没氏的占卜吗？为扩大住宅而违背邻居的归向之心，我不愿意这么做，请允许我推辞。”最终修复了他以前的住宅。

景公不同意，晏子通过陈桓子求情，景公这才同意了。

景公以晏子妻老且恶欲内爱女晏子再拜以辞

题解

齐景公要把自己年轻漂亮的女儿嫁给晏子，晏子拒绝了，他说妻子年轻时托身于自己，自己不能辜负她的情意。晏子不为美色而抛弃糟糠之妻的品质被传为美谈。

原文

景公有爱女，请嫁于晏子。公乃往燕(通“宴”，饮酒)晏子之家，饮酒酣(hān，酒喝得很畅快)，公见其妻曰：“此子之内子(妻子)邪？”晏子对曰：“然，是也。”公曰：“嘻！亦老且恶(丑陋)矣。寡人有女少且姣(美丽)，请以满夫子之宫(室)。”晏子违席(离开座席，以表敬意)而对曰：“乃此(如今)则老且恶，婴与之居故(长期)矣，故及(赶上)其少且姣也。且人固(本来)以壮托乎老，姣托乎恶。彼尝托，而婴受之矣。君虽有赐，可以使婴倍(通“背”，背叛，引申为辜负)其托乎？”再拜而辞。

译文

齐景公有一个宠爱的女儿，他想把她嫁给晏子。景公于是前往晏子家饮酒，饮到酒兴正浓时，景公看见了晏子的妻子说：“这就是您的妻子吗？”晏子回答道：“对，她就是。”景公说：“嘿！也太老太难看了。我有一个女儿年轻且漂亮，请让她充实您的内室吧。”晏子离开座席回答道：“如今她确实又老又丑，可是我同她生活很长时间了，过去也赶上过她年轻貌美的时候。况且人本来年壮就意味着有衰老的那一天，美貌就意味着有丑陋的那一天。她曾托身于我，而我接受了她的托付。君王即使有赏赐，但可以因此让我辜负她的托付吗？”晏子拜了两拜谢绝了。

景公以晏子乘弊车驽马使梁丘据遗之三返不受

题解

齐景公见晏子上朝乘坐破车劣马，便派人给他送去四匹马拉的大车。晏子认为，奢靡之风不可长，自己首先要做表率，否则就无法制止国内的风气，因而拒绝了景公的赏赐。

原文

【一段】

晏子朝，乘弊（通“敝”，破旧）车，驾驽马（劣马。驽，nú）。景公见之曰：“嘻！夫子之禄寡（少）耶？何乘不佼（jiǎo，好）之甚也？”晏子对曰：“赖君之赐，得以寿（保）三族（指父、母、妻三系的亲族），及国游士（指与自己交往的人），皆得生焉。臣得暖衣饱食、弊车驽马以奉（供）其身，于臣足矣。”

【二段】

晏子出，公使梁丘据遗之辂车（大车。君王的用车。辂，lù）乘马（四匹马。乘，shèng），三返不受。公不说（通“悦”），趣（同“促”，赶紧）召晏子。晏子至，公曰：“夫子不受，寡人亦不乘。”晏子对曰：“君使臣临（治理）百官之吏，臣节

译文

晏子上朝，乘坐破旧的车子，驾着劣等的马。齐景公看见了说：“嘿！先生的俸禄少吗？为什么乘坐这样破旧不堪的车马呢？”晏子回答道：“仗着国君的恩赐，得以保全我的亲族，连同国内与我交往的人，都得以养活。我能穿暖吃饱，有破车劣马奉养自身，对我来说已经足够了。”

晏子出去后，景公派梁丘据给他送去四匹马拉的豪华大车，晏子多次退回而不肯接受。景公不高兴了，立刻召来晏子。晏子到了，景公说：“您如果不接受的话，我也不乘坐好车马了。”晏子回答道：“您让我治理百官，我节制

其衣服饮食之养，以先齐国之民(为齐国百姓做出表率)，然犹恐其侈靡(奢侈浪费)而不顾其行也。今辂车乘马，君乘之上，而臣亦乘之下，民之无义，侈其衣服饮食而不顾其行者，臣无以禁之。”遂让(谢绝)不受。

他们的衣服饮食的供给，为齐国的百姓做出表率，就这样我还担心他们生活奢侈浪费而不注意自己的品行呢。如今这四马所驾的豪华大车，在上您作为君王乘坐它，在下我作为臣子也乘坐它，那么百姓中出现不讲仁义，衣服饮食奢靡而不注意自己品行的，我就没办法禁止了。”于是推辞没有接受。

梁丘据自患不及晏子 晏子勉据以常为常行

题解

晏子认为，成功的关键在于身体力行，坚持不懈，只要肯做总能取得成功，只要肯走总能到达目的地。“为者常成，行者常至”作为格言，对后世有极大的激励作用。

原文

【一段】

梁丘据（齐景公的宠臣）谓晏子曰：“吾至死不及夫子矣！”

【二段】

晏子曰：“婴闻之，为者常成（只要肯做总能取得成功），行者常至（只要肯走总能到达目的地）。婴非有异于人也，常为而不置（放弃）、常行而不休者，故（通“胡”，何）难及也？”

译文

梁丘据对晏子说：“我到死也赶不上先生了！”

晏子说：“我听说，只要肯做总能取得成功，只要肯走总能到达目的地。我与别人没有什么不同，只是坚持做而不放弃，坚持行走而不停止而已，有什么难以赶上的呢？”

晏子老辞邑景公不许致车一乘而后止

题解

本篇记述了晏子因年老而提出归还食邑的事迹，他认为自己年老且德行低，却享受优厚的俸禄，这是掩盖了君王的圣明，玷污了下属的品行，其“德厚而受禄，德薄则辞禄”的主张至今仍有现实意义。

原文

【一段】

晏子相景公，老，辞邑(退还封邑)。公曰：“自吾先君定公(应为丁公，太公之子)至今，用世(统治国家)多矣，齐大夫未有老辞邑者。今夫子独辞之，是毁国之故(旧有的制度)、弃寡人也，不可！”晏子对曰：“婴闻古之事君者，称(衡量)身而食(俸禄)，德厚而受禄，德薄则辞禄。德厚受禄，所以明上(彰明君王的圣明)也；德薄辞禄，可以洁下(使臣下廉洁)也。婴老，德薄无能而厚受禄，是掩上之明、污下之行，不可。”

【二段】

公不许，曰：“昔吾先君桓(huán)公，有管仲恤劳(忧虑操劳)齐国，身老，赏之以三归(三处住所)，泽及

译文

晏子做齐景公的相国，告老时，请求归还封邑。景公说：“自从我的先君丁公到现在，历经许多朝代，齐国的大夫中还没有告老时归还封邑的。如今唯独您要归还，这是破坏齐国旧有的制度，抛弃我啊，不可以！”晏子回答道：“我听说古代侍奉君王的人，衡量自身来求取俸禄，德行高的就接受俸禄，德行低的就归还俸禄。德行高而接受俸禄，是为了彰显君王的圣明；德行低而归还俸禄，是为了使臣下廉洁。我年老了，德行低且没有能力，却接受优厚的俸禄，这是掩盖了君王的圣明，玷污了臣下的品行，这是不可以的。”

景公不答应，说：“从前我们的先君桓公，有管仲为齐国忧虑操劳，当管仲老了以后，桓公把三处住所赏给他，恩泽延及他

子孙。今夫子亦相寡人，欲为夫子三归，泽至子孙，岂不可哉？”对曰：“昔者管子事桓公，桓公义高诸侯，德备百姓。今婴事君也，国仅齐（平列）于诸侯，怨积乎百姓，婴之罪多矣，而君欲赏之，岂以其不肖父为不肖子厚受赏，以伤国民义哉？且夫德薄而禄厚，智惛（hūn，迷乱，糊涂）而家富，是彰污而逆教（违背圣贤的教诲）也，不可。”

【三段】

公不许，晏子出。异日（有一天）朝，得间（jiàn，间隙，机会）而入邑，致车一乘（shèng，一车四马为一乘）而后止。

的子孙。如今您也担任我的相国，我也想把三处住所赏赐给您，恩泽延及您的子孙，难道不可以吗？”晏子回答道：“从前管仲侍奉桓公，使桓公的仁义高于其他诸侯，恩德惠及全国百姓。如今我侍奉您，国家仅与其他诸侯平齐，百姓中积怨却很深，我的罪过太多了，而君王您却想赏赐我，难道要让我这个不肖之父为我的不肖之子接受丰厚的赏赐，来损害国家和百姓的道义吗？况且德行低而俸禄多，才智昏庸而家境富足，这是彰显污浊而违背教化啊，不可以这样。”

景公不答应，晏子退出去了。过些天上朝时，晏子找个机会归还了封邑，又归还了一辆车马后才算了事。

晏子病将死凿楹纳书命子壮而示之

题解

晏子留给子女的遗言，仅短短几句，既谈到家事，又谈到国事，语言朴实而寓意深刻。

原文

【一段】

晏子病，将死，凿楹（yíng，柱子）纳（塞入）书焉，谓其妻曰："楹语（柱子里装着的书信上的话，即遗嘱）也，子壮而示（给……看）之。"

【二段】

及壮，发书，书之言曰："布帛（bó）不可穷（竭尽），穷不可饰；牛马不可穷，穷不可服（役使）；士不可穷（困窘），穷不可任；国不可穷，穷不可窃（通"践"，实行）也。"

译文

晏子病重，快要死了，他凿开柱子放进一封信，对他的妻子说："柱子中的信，等儿子长大了再给他看。"

等儿子长大后，打开那封信，信中写道："布帛不能竭尽，竭尽了就没有什么可遮蔽身体的了；牛马不能竭尽，竭尽了就没什么可役使的了；士人不能太困窘，太困窘了就没人可任用了；国家不能太穷困，太穷困就不能推行政令了。"

卷七　外篇重而异者第七

有献书谮晏子退耕而国不治复召晏子

题解

第七卷共二十七篇，因内容与前六卷雷同，故本书只收录此篇。本篇记述了晏子执政与否对齐国产生的重要影响，显示了晏子作为朝廷重臣对国家事务举足轻重的作用。文中的“谮”（zèn），是进谗言的意思。

原文

【一段】

晏子相景公，其论人也，见贤而进之，不同君所欲；见不善则废之，不辟(通“避”，回避)君所爱；行己而无私，直言而无讳。有纳书(献上书信)者曰：“废置不周(合)于君前谓之专，出言不讳于君前谓之易(轻慢，轻视)。专易之行存，则君臣之道废矣，吾不知晏子之为忠臣也。”公以为然。晏子入朝，公色(脸色)不说(同“悦”)，故晏子归，备载(装车。备，通“鞴”，bèi，将鞍辔等套在马身上)，使人辞曰：“婴故(通“固”，本来)老悖(bèi，糊涂)无能，毋敢服(从事)壮者事。”

译文

晏子辅佐齐景公，他用人的原则是，发现贤才就提拔进用，即使君王另有想法也不苟同；发现不好的人就免职不用，即使是君王所宠爱的也不回避；行为处事大公无私，说话也直言而无隐讳。有人献上书信诋毁晏子说：“免职或任用不合君王之意就叫作专权，在君王面前说话也不忌讳就叫作轻视。专权轻视的行为存在，君臣之间的伦理就废弃了，我不知道晏子怎么能算作忠臣。”景公认为说得很对。晏子上朝时，景公脸色显出很不高兴，因此晏子回到家里，装载好车马，派人向景公辞职说：“我晏婴本来就年老糊涂而无能，不敢再从事年轻人的事了。”

【二段】

辞而不为臣，退而穷处（处于困窘之境，即隐居），东耕海滨，堂下生藜藿（lí huò，均为杂草名），门外生荆棘。七年，燕、鲁分争，百姓惛（hūn，昏庸，糊涂）乱，而家无积。公自治国，权轻诸侯，身弱高、国（指高氏和国氏，齐国的两个家族）。公恐，复召晏子。晏子至，公一归七年之禄，而家无藏（家中没有积蓄）。

晏子辞职不再担任大臣，退隐于偏僻之地，在东面海滨耕田种地，房子的堂下长满杂草，门外遍生荆棘。七年后，燕国、鲁国都来瓜分齐国土地，国内百姓混乱不安，家中没有积蓄。景公亲自治理国家，权势被其他诸侯所轻视，自身势力比高氏、国氏还低弱。景公害怕了，又召回晏子。晏子回来后，景公把晏子七年的俸禄一并归还给他，可是他家里没有积蓄。

【三段】

晏子立，诸侯忌其威，高、国服其政，燕、鲁贡职（纳贡。职，赋税，贡品），小国时朝。晏子没（通“殁”，死）而后衰。

晏子复职后，各诸侯国害怕他的威严，高氏、国氏服从他的政令，燕国、鲁国前来朝贡，其他小国也按时来朝见。晏子死后，齐国就逐渐衰落了。

卷八 外篇不合经术者第八

仲尼之齐见景公而不见晏子子贡致问

题解

本篇记述了晏子与孔子的一段鲜为人知的交往经历，最终以孔子认错结束。孔子的知错能改值得称赞，但他对晏子的评论也为两个人交恶埋下了伏笔，导致孔子师生离开齐国。

原文

【一段】

仲尼之(到)齐，见景公而不见晏子。子贡(孔子弟子)曰："见君不见其从政者，可乎？"仲尼曰："吾闻晏子事三君而顺焉，吾疑其为人。"

译文

孔子来到齐国，只拜见了齐景公而没有去见晏子。子贡说："拜见了国君而不见他的执政大臣，可以吗？"孔子说："我听说晏子侍奉了三位国君都能顺从他们，我怀疑他的为人。"

子贡（前520—前456），复姓端木，字子贡，政治家，外交家，中华儒商之祖，官至鲁、卫两国之相。是孔门七十二贤之一，孔门十哲之一。他是孔子的得意门生，且列言语科之优异者。孔子曾称其为"瑚琏之器"。他利口巧辞，善于雄辩，办事通达。他还善于经商之道，曾经商于曹、鲁两国之间，富致千金，为孔子弟子中首富。相传，孔子病危时，子贡未赶回来，他觉得对不起老师，别人守墓三年离去，他在墓旁再守三年，共守六年。《论语》中对其言行记录较多，《史记》对其评价颇高。

【二段】

晏子闻之，曰："婴则齐之世民(世世代代的平民)也，不维其行(不能维持自己的品行)，不识其过，不能自立也。婴闻之，有幸见爱(被宠爱。见，被)，无幸见恶(被厌恶)。诽誉为类(同类，相似)，声(声音)响(回声)相应，见行而从之者也。婴闻之，以一心事三君者，所以顺焉；以三心事一君者，不顺焉。今未见婴之行，而非其顺也。婴闻之，君子独立不惭于影，独寝(qǐn，睡觉)不惭于魂。孔子拔树削迹，不自以为辱；身穷(困厄)陈、蔡，不自以为约(窘迫)；非人不得其故(原因)。是犹泽人(住在水边的人)之非斤斧(斧头)、山人之非网罟(gǔ，泛指各类网)也，出之其口，不知其困(困惑，无知)也。始吾望儒而贵之，今吾望儒而疑之。"

晏子听说了这番话，说："我家世世代代都是齐国的普通百姓，不能维持自己的品行，不能了解自己的过失，不能在齐国自立。我听说，运气好就被宠爱，运气不好便被厌恶。诽谤与赞誉是同类现象，就像声音与回声相应一样，看到怎样的行为便会有怎样的评价随之而来。我听说，以一心侍奉三位国君就能顺从他们，以三心侍奉一位国君就不能顺从他。如今孔子没见过我的行为，却指责我顺从君王。我听说，君子独自站立时无愧于自己的影子，独自睡觉时无愧于自己的灵魂。孔子被人拔掉大树后被迫出逃，自己不认为是耻辱；被围困在陈、蔡之间时，自己不认为是窘迫；可是批评别人却不了解实情。这就像水上的人批评山中人伐木的斧头，山中人批评水上人捕鱼的渔网一样，那些话出自他们的口中，他们却没意识到自己的无知。以前我看到儒者还尊敬他们，如今我看到儒者就怀疑他们了。"

阅读指导

拔树削迹：据《史记·孔子世家》载，孔子与学生在大树下习礼，宋司马桓魋(tuí)想要害孔子，于是砍倒大树，孔子只能无奈地带着学生们离开。

不自以为辱：司马桓魋要追杀孔子，弟子劝他逃走，他说："老天把品德赋予了我，那桓魋能把我怎么样?"

身穷陈、蔡：指孔子被人围困在陈国与蔡国之间，断粮达七天的事。

不自以为约：孔子一行绝粮于陈、蔡，弟子们饿得都站不起来，孔子依旧弹琴唱歌。弟子们问他："君子也有困厄的时候吗?"孔子说："君子困厄还能坚定不移，而小人困厄就无所不为了。"

【三段】

仲尼闻之，曰：“语（俗语）有之：言发于尔（通“迩”，ěr，近），不可止于远也；行存于身，不可掩于众也。吾窃议晏子而不中（zhòng，切中，符合）夫人（那个人。夫，fú）之过，吾罪几（jī，接近）矣！丘闻君子过（胜过，超过）人以为友，不及人以为师。今丘失言于夫子，夫子讥之，是吾师也！”因（通过）宰我（孔子的学生）而谢（道歉）焉，然仲尼见之。

孔子听了这番话，说：“俗语有这样一句话：话说在近处，但不能阻止它传到远方；行为在自己身上，但不能掩住众人的耳目。我私下里议论晏子但不能切中他的过错，我的罪过太大了！我听说，君子把不如自身的人当作朋友；把超过自己的人当作老师。现在我失言于晏子，被晏子批评，他是我的老师啊！”于是孔子让弟子宰我向晏子道歉，然后他又会见了晏子。

宰我（前522—前458），字子我，春秋末鲁国人，孔子弟子。他口齿伶俐，和子贡一样因为辩才而有名。据《史记·仲尼弟子列传》记载，宰我后来当了临菑（zī）大夫，又说其参与田常作乱而被陈桓所杀。唐玄宗时被追封为“齐侯”，宋代追封为“临菑公”，后改称为“齐公”。明嘉靖九年改称“先贤宰子”。

庄公图莒国人扰绐以晏子在乃止

题解

本篇记述了齐庄公秘密攻打莒国，国都的人以为发生了动乱而手持兵器站在大街巷口，后来庄公假借晏子之名才令百姓心安，这反映了晏子作为人臣在百姓心中的崇高地位。题目中的“绐”（dài），是“欺骗”的意思。

原文

【一段】

庄公阖(hé，关闭)门而图莒(jǔ，周代诸侯国名，在今山东省莒县一带)，国(都城)人以为有乱也，皆操长兵而立于衢(qú，四通八达的道路)闾(lǘ，里巷的大门)。公召睢休相(齐国大臣。睢，suī)而问曰：“寡人阖门而图莒，国人以为有乱，皆操(拿)长兵而立于衢闾，奈何？”休相对曰：“诚(确实)无乱而国人以为有，则仁人不存。请令于国，言晏子之在也。”公曰：“诺。”以令于国：“孰谓国有乱者，晏子在焉。”然后皆散兵而归。

【二段】

君子曰：“夫行不可不务也。晏子存而民心安，此非一日之所为也，有所以见于前信(相信)于后者。是以(因此，所以)晏子立人臣之位，而安万民之心。”

译文

齐庄公关起城门谋划如何攻打莒国，都城的人们以为发生了叛乱，都拿着长兵器站在大街巷口。庄公招来睢休相问道：“我关上城门来谋划攻打莒国之事，都城的人们以为发生叛乱了，都拿着长兵器站在大街的巷口，怎么办？”睢休相回答道：“确实没有叛乱而人们却以为有，那是因为仁德之人不在呀。请传令全城，就说晏子在城里。”庄公说：“好。”便传令全城：“谁说都城发生了叛乱，晏子还在这里。”于是人们都放下兵器回去了。

君子评论道：“人的品行不能不认真对待呀。晏子在，人们就心安，这不是一天能做到的，是因为人们先看到他的所作所为，然后才相信他的。所以晏子在大臣的位置上，就能使万民心安。”

晏子死景公驰往哭哀毕而去

题解

本篇生动地描写了齐景公得知晏子死讯后的慌张举动，反映了景公对晏子的无限依赖，通过景公自责的话语更突出了晏子敢于直谏的勇气和高风亮节。

原文

景公游于菑（zī，齐地名，在今山东寿光南），闻晏子死，公乘侈舆（当为“侈乘舆”，急忙坐上车。侈，通“趍”，“趍”同“趋”，cù，赶快）服繁驵（驾快马。繁驵，良马。驵，zǎng）驱之。自以为迟，下车而趋；知不若车之遬（同“速”，快），则又乘。比至于国（都城）者，四下而趋。行哭而往，伏尸而号曰：“子大夫日夜责寡人，不遗尺寸（比喻微小的过失），寡人犹且淫佚（纵情声色）而不收（收敛），怨罪重积于百姓。今天降祸于齐，不加于寡人，而加于夫子，齐国之社稷（国家。稷，jì）危矣，百姓将谁告夫！”

译文

齐景公在菑地游玩，听说晏子死了，立即催促备车驾快马赶回去。自己觉得车马跑得慢，就下车跑；发现不如车马跑得快，就又乘上车。等他到了都城时，先后四次下车快跑。他一路哭着赶到了晏子家，伏在尸体上号哭着说：“先生您时时刻刻批评我，不放过一些细微之事，我还纵情声色不知收敛，在百姓中积怨很重。如今上天把灾祸降到齐国，不加在我身上，却加在先生身上，齐国的江山社稷危险了，百姓将向谁求告啊！”

图书在版编目（CIP）数据

晏子春秋 / 许文畅译注．—长春：长春出版社，2015. 1
（无障碍读经典）
ISBN 978－7－5445－3621－9

Ⅰ．①晏… Ⅱ．①许… Ⅲ．①先秦哲学 ②《晏子春秋》—译文 ③《晏子春秋》—注释 Ⅳ．①B220. 1

中国版本图书馆 CIP 数据核字（2014）第 275653 号

晏子春秋

著　　者：许文畅
责任编辑：杜　菲　高　静
封面设计：楠竹文化
封 面 画：汝　静

出版发行：長春出版社　　总 编 室 电 话：0431－88563443
发行部电话：0431－88561180　　读者服务部电话：0431－88561177
地　　址：吉林省长春市建设街 1377 号
邮　　编：130061
网　　址：www. cccbs. net
制　　版：吉林省久慧文化有限公司
印　　刷：长春市吉育印业有限公司
经　　销：新华书店

开　　本：700 毫米×980 毫米　1/16
字　　数：230 千字
印　　张：12. 75
版　　次：2015 年 1 月第 1 版
印　　次：2015 年 1 月第 1 次印刷
定　　价：25. 00 元